KB042102

Super App!
디지털 시대의
넥스트 레볼루션

YoungJin.com Y.
영진닷컴

Super App!
디지털 시대의 넥스트 레볼루션

ISBN 978-89-314-6939-4

독자님의 의견을 받습니다

이 책을 구입한 독자님은 영진닷컴의 가장 중요한 비평가이자 조언가입니다. 저희 책의 장점과 문제
점이 무엇인지, 어떤 책이 출판되기를 바라는지, 책을 더욱 알차게 꾸밀 수 있는 아이디어가 있으면
팩스나 이메일, 또는 우편으로 연락 주시기 바랍니다. 의견을 주실 때에는 책 제목 및 독자님의 성함
과 연락처(전화번호나 이메일)를 꼭 남겨 주시기 바랍니다. 독자님의 의견에 대해 바로 답변을 드리
고, 또 독자님의 의견을 다음 책에 충분히 반영하도록 늘 노력하겠습니다.

주 소   (우)08507 서울특별시 금천구 가산디지털1로 128 STX-V 타워 4층 401호
이메일   support@youngjin.com

파본이나 잘못된 도서는 구입하신 곳에서 교환해 드립니다.

저자 정우진 | **총괄** 김태경 | **진행** 서민지 | **디자인** 강민정 | **편집** 이경숙
영업 박준용, 임용수, 김도현 | **마케팅** 이승희, 김근주, 조민영, 김민지, 김도연, 김진희, 이현아
제작 황장협 | **인쇄** 제이엠

　인류 역사에서 문명의 비약적 발전을 이끈 혁명이 일어났던 큰 변곡점을 꼽으라면 아마 '문자'의 발명, 정보와 지식 축적 및 전파를 위한 '인쇄술'의 발명, 지식 정보와 서비스를 실시간 공유하고 처리할 수 있는 '컴퓨터와 인터넷'의 발명을 떠올릴 것이다. 그렇다면 다음 변곡점은 언제일까? 2023년 현재 이미 코앞에 다가와 있다. 다음 단계는 'AI 기술을 적극적으로 활용한 슈퍼앱'이라고 생각한다.

　슈퍼앱은 쇼핑, 뱅킹, 교통, 엔터테인먼트 등 여러 기능과 서비스를 하나의 앱으로 결합한 새로운 형태의 디지털 서비스다. 슈퍼앱 등장 배경에는 스마트폰과 클라우드 컴퓨팅이 자리한다. 스마트폰과 클라우드의 등장으로 기술 산업에서 가치를 창출하는 성장 동력이 하드웨어에서 '소프트웨어와 서비스'로 바뀌었다. 이런 변화는 물리적 장치 자체가 아니라 소프트웨어와 서비스에서 가치를 창출하는 플랫폼 기반 비즈니스 모델의 등장과 성공에 잘 드러난다. 플랫폼 비즈니스의 연장선상에서 볼 때 슈퍼앱은 가장 최신의 비즈니스 모델이자 전략이다. 다양한 서비스를 단일 앱에서 제공하는 플랫폼이자 생태계인 슈퍼앱은 특히 아시아에서 인기를 끌고 있다. 예를 들어 중국의 위챗과 인도네시아의 고젝 같은 앱은 사람들의 디지털 라이프스타일 플랫폼으로 자리를 잡았다. 성공한 슈퍼앱이 연이어 등장하면서 북미, 남미, 유럽, 중동, 아프리카 등 다른 지역에서도 슈퍼앱을 꿈꾸는 디지털 네이티브 기업들이 속속 등장하고 있다.

　슈퍼앱의 모태가 스마트폰과 클라우드라면 성장을 위한 영양분과 수분을 제공하는 토양 역할은 생성형 AI 기술이 할 전망이다. 슈퍼앱과 생성형 AI 기술을 결합하면 많은 서비스를 하나의 플랫폼으로 통합하는 것이 더욱 쉬워진다. 슈퍼앱은 기능과 서비스를 확장해 나가는 특성을 지니고 있다. 사용자 편의를 위해 새로운 것을 계속해서 추가하다 보면 너무 많은 기능으로 인해 오히려 사용자가 피로감을 느끼고 앱 사용에 불편을 겪을 수도 있다. 이러한 복잡성의 딜레마를 해결할 단초는 생성형 AI 기술에 있다. ChatGPT 같은 생성형 AI 기술을 활용하면 슈퍼앱에 서비스와 기능을 추가해도 프롬프트 기반 상호작용을 통해 복잡성의 늪에 빠지지 않아 손쉬운 사용 편의성을 유지할 수 있다. 또한, 생성형 AI는 사용자 맞춤형 서비스 제공에 용이한 특성을 지녔기 때문에 고객의 충성도를 더욱 높일 수 있는 '초개인화 서비스'의 토대가 될 수 있다. 정리하자면 스마트폰, 클라우드, 슈퍼앱, 그리고 생성형 AI의 등장은 소프트웨어와 서비스를 중심으로 한 디지털 경제로 전환을 가속할 전망이다.

생성형 AI 기술을 슈퍼앱 비즈니스 모델 측면에서 주목하는 이유는 간단하다. 오픈AI의 ChatGPT, 구글의 Bard 서비스는 AI의 위치를 기술의 영역에서 일상의 영역으로 바꾸어 놓았다. 지금까지 AI는 미래를 위한 연구 개발 대상이었고, 엄밀히 말하자면 AI 연구자 및 전문가들의 전유물이었다. 그러나 ChatGPT, Bard 같은 생성형 AI 서비스의 등장은 그러한 AI 활용의 판도를 뒤바꾸었다. 2023년, 이제 AI는 남녀노소 가릴 것 없이 누구나 필요한 것을 찾고 궁금한 것을 해결하는 데 손쉽게 사용하는 일상의 도구가 되었다.

생성형 AI 서비스의 등장은 이상적이고 미래지향적인 슈퍼앱의 시작을 알리는 신호라고 볼 수 있다. 생성형 AI는 인간이 컴퓨터 및 인터넷과 상호작용하는 방식을 혁신할 수 있는 잠재력을 가지고 있다. 더불어 우리의 삶을 더욱 편리하고 효율적이며 생산적으로 만들 수 있다. 또한, 새롭고 혁신적인 방식으로 사람과 장치, 사람과 사람, 사람과 디지털 세상을 연결할 수 있다.

개인적으로 오픈AI가 쏘아 올린 작은 공인 ChatGPT가 몰고 온 생성형 AI 혁신은 시작에 불과하다고 생각한다. 생성형 AI 기술이 계속 발전함에 따라 우리는 더 놀라운 것들을 보게 될 것이다. 실제로 슈퍼앱은 생성형 AI 기술을 만나면서 우리가 서비스를 효율적으로 이용하며 삶을 한층 더 편리하고 생산적으로 사는 데 도움을 주는 존재가 되어 가고 있다.

슈퍼앱과 생성형 AI를 통해 다가오는 거대한 변화는 변곡점을 넘어 특이점으로 다가오고 있다고 본다. 언제나 그랬듯이 큰 변화가 오는 시기에는 시장의 질서가 바뀌고 새로운 혁신 기업이 등장한다. 이 기회를 어떻게 잡을 것인가? 슈퍼앱이 거쳐온 길을 되돌아보고 생성형 AI의 미래를 전망하여 앞으로 우리에게 어떤 생각과 전략이 필요할지 살펴볼 필요가 있다. 무엇보다 중요한 것은 큰 변화 속에서 '변하지 않는 것'의 본질을 꿰뚫는 것이다. 지금은 그 핵심을 이해하고 분석하여, 스타트업과 전통 기업을 비롯한 디지털 시대의 모든 조직이 새로운 시대에 적응해 나가는 데 필요한 사항들을 면밀히 짚어 봐야 할 때이다. 이런 생각으로 이 책의 집필을 결심하였다.

　이 책을 집필하면서 매일, 심지어 시간 단위로 글로벌 기업들이 새로운 서비스와 기술을 업데이트하는 것을 목격했다. 그중에서도 ChatGPT와 Bard의 등장은 디지털 전환을 추구하는 기업들의 실행 계획과 전략을 극적으로 바꾸는 계기가 되었다. 변화의 속도와 규모를 고려할 때 '슈퍼앱'이라는 주제에 대한 책이 바로 이 시점에 필요하다고 확신한다. 이러한 가운데 변화의 양상을 정리하고 분석한《Super App! 디지털 시대의 넥스트 레볼루션》은 독자들에게 유익한 통찰력을 제공하고 충분한 가치를 전달할 것이라고 믿는다.

　끝으로 책 집필에 도움을 준 Digital X1의 컨설턴트들과 메가존 클라우드의 AI 및 클라우드 컴퓨팅 전문가들에게 감사의 인사를 전한다.

정우진

정창훈 당근마켓 CTO

안녕하세요, 당근마켓 정창훈입니다. 디지털 네이티브 스타트업으로 시작해 유니콘으로 성장한 당근마켓의 CTO로서 슈퍼앱과 생성형 AI 기술의 중요성을 누구보다 잘 알고 있습니다. 이 책을 읽고 빅테크, 디지털 네이티브 기업뿐만 아니라 전 산업에서 디지털 전환이 빠르고 광범위하게 이루어지고 있다는 사실을 알게 되었습니다. 디지털 세상에서 파괴적 혁신을 꿈꾸는 이들에게 이 책을 추천합니다.

박영걸 직방 부사장/(전)CTO

이 책은 디지털 경제의 특징과 변화를 이해하고, 이를 활용하여 비즈니스 모델을 혁신하고자 하는 기업의 경영진과 실무자들에게 유용한 지침을 제공합니다. 특히, 슈퍼앱과 생성형 AI와 같은 새로운 기술이 비즈니스에 미치는 영향과 이를 활용하여 경쟁 우위를 확보할 수 있는 전략을 제시합니다. 이 책이 디지털 경제의 최전선에서 경쟁하는 기업들이 한발 앞서 나아가는 데 도움이 되기를 바랍니다.

김형택 디지털이니셔티브 그룹 대표

현재 디지털 트랜스포메이션에서 가장 큰 고민은 '플랫폼 기반의 비즈니스 모델'을 어떻게 구축하고 활성화할 것인가에 대한 것입니다. 기업들은 기존 서비스의 통합과 확장을 통해 차별화된 고객 경험을 제공하고 충성도를 확보하는 방법을 찾고 있습니다. 이러한 문제에 대한 해결책으로 슈퍼앱이 주목받고 있습니다. 그러나 실제 전략의 실행과 구현은 쉽지 않습니다. 이 책은 슈퍼앱 전략을 구축하려는 기업들을 대상으로 서비스 확장, 생태계 강화 등을 포괄하는 내용을 소개하고, 실제 구현 과정에서 겪게 될 수 있는 디지털 제품 개발 조직 문화의 어려움 및 각 단계별 개발 방법을 이해하기 쉽게 상세히 설명합니다. 슈퍼앱 구축을 앞둔 기업의 실무진들에게 꼭 필요한 전략 지침서가 될 것입니다.

김진영 더인벤션랩 대표/경영학박사

점점 더 디지털은 '만능'을 가능케 하고 있습니다. '만능'은 가급적 사람이 해야 할 일을 AI가 대신해 주고, 결과도 사람이 검수한 것보다 훨씬 더 세련된 방향으로 진화하고 있습니다. 이러한 현상은 '한 분야에 특화된 앱(Vertical App)'이 특정 기능만 제공하는 것에서 만능에 가까운 전지전능한 수준의 '여러 분야에서 공통적으로 사용할 수 있는 플랫폼(Horizontal Platform)'으로 확장하는 것을 가능케 하고 있습니다. 생성형 AI와 슈퍼앱은 그래서 매우 밀접한 상관관계에 있으며, 생성형 AI의 성장은 결론적으로 '슈퍼앱'의 성장을 가능케 하는 열쇠가 되고 있습니다. 이 책은 그러한 상관관계를 매우 밀도 있게 파헤쳐 세련된 형태로 정리했습니다. 아마도 국내에서는 첫 시도이지 않을까요.

김성준 국민대 교수

2023년은 역사에 어떤 해로 기억될까요? 어쩌면 인류가 최초로 겪은 싱귤래러티(Singularity), 즉 AI가 인간 지능에 가장 근접한 첫해라 기록되지 않을까요? 생성형 AI가 이목을 뜨겁게 달구더니, 순식간에 우리 일상과 밀접하게 관련된 애플리케이션에 적용되고 있습니다. 이 기술이 슈퍼앱과 온전히 결합된다면, 우리는 과연 어떤 세상을 살게 될까요? 누군가는 이 거대한 물결을 타고 기회를 잡아서 차원이 다른 세상을 주체적으로 만들어 갈 겁니다. 이 책은 생성형 AI와 슈퍼앱의 구체적인 사례를 살펴보고, 향후 추세를 전망하고 있습니다. 미래를 엿보고 싶은 경영자와 실무자 모두에게 상당한 통찰을 선사하리라 확신합니다.

목차

INTRO　　　**디지털 대전환의 시대**

소비자가 디지털 제품을 만나는 공간인 슈퍼앱　　　16

QUEST 1　　　**슈퍼앱 시대를 앞당기는 변곡점 'ChatGPT'의 등장**

ChatGPT가 몰고 온 파장　　　21

새로운 생태계 모델의 등장　　　22

모든 산업군에 영향을 끼치는 생성형 AI　　　25

API를 이용한 생성형 AI 활용　　　26

플러그인을 통한 생성형 AI 활용　　　29

닮아도 너무 닮은 ChatGPT와 슈퍼앱　　　34

후발 주자가 따라오기 힘든 격차　　　37

QUEST 2　　　**ChatGPT가 바꾼 일상과 게임의 법칙**

ChatGPT가 바꾼 일상　　　42

엔터프라이즈 컴퓨팅 영역까지 영향을 끼치는 ChatGPT　　　42

기업의 보안과 규제 가이드라인을 충족하는 생성형 AI 옵션　　　44

빠르게 커지는 오픈AI의 영향력　　　46

AI 강자 구글의 반격　　　48

슈퍼앱과 사용자 간 상호작용 방식의 대대적인 변화 예고　　　49

GUI와 마우스를 뛰어넘는 혁신, 멀티 모달 인터페이스　　　50

생성형 AI 기반 챗봇이 바꿀 미래　　　52

AI 대중화 시대　　　54

슈퍼앱을 더욱 강력하게 만드는 생성형 AI　　　55

생성형 AI의 창의성 부족에 대한 지적에 답을 제시한 AutoGPT　　　57

QUEST 3　　　**슈퍼앱 탄생 배경과 역사**

슈퍼앱 패권 전쟁의 서막　　　61

간편 결제 시스템을 기반으로 아시아에서 시작된 슈퍼앱 생태계　　　63

슈퍼앱 성공 방정식 65

세계적 현상이 되어 가고 있는 슈퍼앱 66

슈퍼앱이 메가 트렌드가 된 배경 68

플랫폼 진화의 종착역 72

수익 모델의 진화 74

슈퍼앱 비즈니스 모델 76

슈퍼앱의 유형 79

통합된 경험으로 나아가는 슈퍼앱 80

슈퍼앱의 핵심 기능 81

API 경제 시대와 슈퍼앱의 관계 82

슈퍼앱으로 수렴되는 모바일 시장 83

QUEST 4   **슈퍼앱 왕좌의 게임:** 디지털 네이티브 기업

소셜 미디어: 틱톡, 인스타그램 88

핀테크: 레볼루트, 스퀘어 89

게임, 엔터테인먼트: 구글 플레이 게임, 타임즈프라임, 스포티파이 등 90

이커머스: 타타 뉴앱 92

건강, 뷰티: 글로우 레시피, 그랩과 AS 왓슨 93

생산성 도구: 마이크로소프트, 구글 94

QUEST 5   **슈퍼앱 왕좌의 게임:** 전통 기업

디지털 전환의 한 축인 슈퍼앱 100

금융: BaaS 트렌드에 주목 101

통신: 슈퍼앱 분야의 잠룡 103

자동차: SDV를 시작으로 슈퍼앱으로 진화 107

제조: 인더스트리 4.0 비전 실현 수단 109

소매: O2O와 O4O의 가교인 슈퍼앱 111

의료: 의료 기관과 스타트업이 주도 113

항공: 항공사와 여행사가 주도 114

공공 및 정부의 슈퍼앱: 차세대 디지털 전자정부의 핵심인 슈퍼앱 117

QUEST 6   슈퍼앱 왕좌의 게임: 국내 동향

카카오 vs. 네이버: 빅테크 기업의 대결   121
금융: 금융지주사와 핀테크 기업이 주도   124
소매: 간편 결제, 맴버십, OTT로 확장   127
자동차: 모빌리티 시장 개척을 시작한 현대·기아자동차   129
스타트업: 새로운 장르 개척   130

QUEST 7   슈퍼앱 필승 전략

생태계 구축하기   139
데이터를 핵심 자산으로 가치 사슬 만들기   141
외부 파트너와의 협력을 통한 가치 사슬 확장   143
핵심 서비스를 중심으로 지속 가능한 성장 추구하기   145
시장 특성 고려가 관건   146
다다익선이 아니라 제품 주도 성장의 마술이 필요   147
위챗 벤치마크: 데이터 수집, 분석, 활용 역량 키우기   149

QUEST 8   플랫폼 엔지니어링 역량

클라우드 최적화   155
API 우선 전략   157
개인도 앱을 만드는 시대!   158
API를 이용한 레거시 연계 및 통합   160
데이터 자산의 가치를 높이는 데이터 메시   162

QUEST 9   슈퍼앱 개발 방법

사용자 중심 UI/UX   167
모듈식 아키텍처   170
레거시 코드 베이스   171
API 및 파트너 생태계   174
데이터 플랫폼   175

미니앱 개발 활성화를 위한 로우코드/노코드 지원	178
신기술 수용	179
프롬프트 엔지니어링 역량 강화	181
언젠가는 가야 할 메타버스	184

QUEST 10   디지털 제품 우선 조직이 되는 방법

디지털 제품 개발	190
문화 조성	192
애자일이 곧 문화	193
툴체인	195
엔지니어링	200

OUTRO   승자 독식의 시대

1등이 모든 것을 차지하는 승자 독식	207
더 쉽고, 더 편한 서비스로 몰리는 사용자(컨슈머라이제이션)	208
디지털 제품이 곧 미래 수익(커머셜라이제이션)	210
빅테크가 독점하지 않는 슈퍼앱 시대	211
모든 슈퍼앱에 기본 장착될 생성형 AI 기반 챗봇	212

INTRO

디지털 대전환의
시대

DIGITAL X1

사회, 경제, 문화, 교육, 공공 등 다양한 부문에서 디지털 전환(DT, Digital Transformation)이 이루어지고 있다. 디지털 전환은 단순히 클라우드, AI(Artificial Intelligence), 빅데이터 분석 등 첨단 IT 기술 활용을 뜻하지 않는다. 디지털 전환은 비즈니스 전략, 일하는 방식, 그리고 우리의 일상이 디지털을 중심으로 바뀌는 본질적인 변화를 의미한다. 그렇다면 기업의 비즈니스와 개개인의 일상은 어떻게 바뀌고 있을까?

디지털 전환이 사업의 본질을 바꾸고 있다는 것은 '사용자 경험(UX, User Experience)'을 최우선 가치로 삼는 조직이 늘고 있다는 데에서 어렵지 않게 관찰할 수 있다. 기업은 디지털 기술을 활용해 개인화된 마케팅 메시지부터 사용자 친화적인 인터페이스, 효율적인 온라인 고객 서비스 등 더욱 개인화되고 효율적이며 원활한 사용자 경험을 고객에게 제공할 수 있다. 일하는 방식도 달라진다. 디지털 도구는 일상적인 작업을 자동화하고, 비즈니스 프로세스를 간소화하며, 직원 간의 커뮤니케이션과 협업을 매끄럽게 한다.

가장 큰 변화는 새로운 비즈니스 모델과 수익원 창출 방식에서 일어난다. 전통적인 상품과 서비스를 디지털 기술과 결합해 디지털 제품을 만들면 다양한 비즈니스 기회와 수익 창출의 길이 열린다. 기업은 디지털 제품으로 구독 수익, 인앱 판매, 광고 수익 등을 올릴 수 있다. 디지털 제품은 잠재력도 크다. 디지털 제품은 실물 상품에 비해 상대적으로 쉽게 전 세계에 배포할 수 있으며, 이를 통해 잠재 고객을 확대하고 새로운 시장을 개척할 수 있다. 또한 기존 비즈니스 방식으로는 도달하기 어려운 수준의 고객 충성도를 기반으로 지속 가능한 수익 흐름을 만들어 낼 수도 있다. 디지털 제품은 고객 행동을 이해하고, 제품과 서비스를 개선하며, 정보에 입각한 비즈니스 의사결정을 내리는 데 사용할 수 있는 풍부한 데이터를 끊임없이 쏟아 낸다. 이런 이유로 충성도 높은 고객이 많을수록 기업은 데이터에서 또 다른 경쟁력을 찾을 수 있다. 이 외에도 디지털 제품은 한 회사가 다른 회사와 제휴하여 번들 서비스를 제공하거나 소프트웨어 회사가 하드웨어 제조 업체와 협력하여 생태계를 구축할 수 있다.

전통적인 제품 판매

STORE

소비자 - 채널 - 제품 개발 기업으로
이어지는 제한적인 판매 경로

디지털 제품 배포

디지털 플랫폼을 구심점으로 위치, 장치에
관계 없이 소비자에게 디지털 제품 배포

전통적인 제품 판매 방식과 디지털 제품 배포 방식의 차이

소비자가 디지털 제품을 만나는 공간인 슈퍼앱

디지털 제품이 비즈니스의 본질을 바꾸고 있다는 것을 잘 보여 주는 예가 바로 중국의 위챗처럼 하나의 앱으로 다양한 서비스를 제공하는 슈퍼앱이다. 슈퍼앱은 여러 서비스를 제공하기 때문에 사용자 행동에 대한 광범위한 데이터를 수집할 수 있다. 이 데이터는 사용자 경험을 개인화하고, 각 개인에게 알맞게 추천을 하고, 타겟팅 광고를 제공하는 데 사용될 수 있다. 사용자가 슈퍼앱 내에서 더 많은 서비스를 사용할수록 사용자 경험은 더욱 맞춤화될 수 있다. 사용자가 슈퍼앱을 더 오래 쓰게 되는 요인 중 하나는 결제 수단이다. 슈퍼앱에는 보통 간편 결제 수단이 포함되어 있어, 원하는 디지털 제품이나 서비스를 탐색하고, 비교하고, 구매하는 것까지 모두 하나의 앱 내에서 편하게 이용할 수 있다. 슈퍼앱이 더 많은 사용자를 유치할수록 서비스의 질도 높아진다. 예를 들어 사용자 기반이 확대되면 더 많은 디지털 제품이나 서비스 공급 업체를 끌어들일 수 있다.

한편, 슈퍼앱의 한 유형으로 볼 수 있는 생산성 도구는 일하는 방식을 바꾸고 있다. 우리가 매일같이 사용하는 문서 도구, 협업 도구, 그리고 슬랙이나 노션 등의 클라우드 기반 서비스는 슈퍼앱처럼 다양한 기능을 통해 앱을 떠나지 않고도 더 많은 작업을 할 수 있는 쪽으로 진화하고 있다. 그리고 도구의 진화는 우리가 일하는 방식에 큰 영향을 끼치고 있다.

슈퍼앱의 영향력이 커지고 사용자 기반이 넓어지면서 우리의 일상도 달라지고 있다. 디지털 시대에 성장한 MZ세대에게 슈퍼앱은 일상생활에서 제2의 삶의 공간이 되었다. 실제로 MZ세대의 하루를 보면 이미 일상 깊숙이 슈퍼앱이 자리 잡고 있다. 등하교나 출퇴근 시간에는 앱의 뉴스 피드를 검색하거나 소셜 미디어 업데이트를 확인하거나 짧은 동영상을 한두 편 시청한다. 출출할 때는 같은 앱으로 간식을 주문하고 앱 내에서 바로 결제한다. 시간이 날 때 앱의 이커머스 기능을 사용하여 의류부터 생활용품까지 필요한 상품을 주문하고, 퇴근 후에는 스트리밍 서비스, 온라인 게임 등을 통해 여가 생활을 즐기거나 호텔 예약 서비스를 사용하여 주말 휴가 계획을 세운다.

디지털 기술이 기업의 비즈니스 전략, 일하는 방식, 그리고 우리의 라이프스타일을 어떻게 바꾸는지를 함축적으로 보여 주는 슈퍼앱의 뒤를 이어 ChatGPT, Bard 같은 생성형 AI(Generative AI) 서비스가 등장하면서 패러다임 전환이라 할 정도의 큰 변화가 다가오고 있다. 슈퍼앱의 등장은 디지털에 대한 고객의 기대치를 높여 놓았고, 사용자들은 점점 더 편리한 것을 원한다. 이런 기대를 생성형 AI가 충족할 전망이다. 생성형 AI 기술로 슈퍼앱은 다양한 디지털 상품을 이용하는 사용자 경험을 지금껏 보지 못했던 수준으로 간소화할 수 있다.

정리하자면 슈퍼앱과 생성형 AI는 디지털 전환 트렌드를 개념부터 재정의할 정도로 시장을 크게 바꿀 수 있는 잠재력을 가지고 있다. 이러한 슈퍼앱과 생성형 AI를 어떻게 비즈니스에 녹여 낼 것인가? 이는 앞으로 기업 간 격차를 만드는 중요 차별점이 될 것이다. 이와 관련해 이 책에서는 국내외 현황과 각 사례의 특징을 살펴보며 슈퍼앱과 생성형 AI가 바꿀 미래를 자세히 알아보고자 한다.

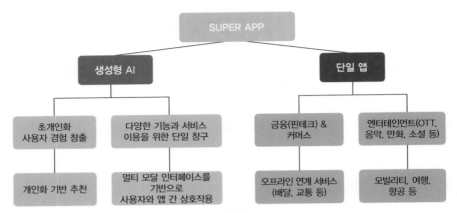

슈퍼앱 개요

QUEST

01

—

슈퍼앱 시대를
앞당기는 변곡점
'ChatGPT'의 등장

DIGITAL X1

디지털 환경은 콘텐츠 제공 방식에 따라 '웹'이 대중화된 1세대, '모바일 앱'이 일상화된 2세대, 그리고 모든 것이 하나로 수렴되는 '생성형 AI 기술을 등에 업은 슈퍼앱'이 이끄는 3세대로 구분할 수 있다.

1세대는 웹 사이트를 중심으로 콘텐츠를 제공했고 사용자는 사이트 주소(URL)를 입력해 원하는 웹 페이지를 보거나 검색 엔진으로 원하는 정보를 찾았다. 이후 모바일 시대에는 앱이라는 새로운 매체가 정보 제공 창구로 등장했다.

모바일 장치 이용 시간이 길어지면서 앱은 사용자의 콘텐츠 접근과 소비 방식을 바꾸어 놓았고, 그 정점에 슈퍼앱이 자리한다. 슈퍼앱은 현재 진행형으로 차세대 모바일 시대를 열고 있다. 슈퍼앱 열풍은 AI 기반 대화 서비스인 ChatGPT의 등장과 함께 더욱더 큰 파장을 일으키고 있다.

ChatGPT가 몰고 온 파장

오픈AI(OpenAI)에서 개발한 초거대 언어 모델 기반 대화형 AI 서비스인 ChatGPT는 디지털 기술 혁신이 '변곡점'에 도달했음을 알리는 신호탄이다. ChatGPT는 인터넷에서 수백만 페이지의 텍스트를 학습하여 다양한 주제에 대해 자연스럽게 대화를 진행하는 AI 서비스로, 출시 5일 만에 사용자 수가 100만에 이르렀다. 유명 앱이 사용자 수 100만에 도달한 기간은 넷플릭스 3년 6개월, 페이스북 10개월, 스포티파이 5개월, 인스타그램 2개월 반이다. 실사용자 수 1억 명에 도달하는 데 걸린 시간도 ChatGPT가 압도적으로 짧다. ChatGPT는 월 이용자 수(MAU, Monthly Active User)가 1억 명이 되는 데 2개월이 걸렸다. 참고로 숏폼 콘텐츠 트렌드와 함께 전 세계에 빠르게 퍼진 틱톡도 1억 다운로드를 달성하는 데 9개월이 걸렸고, 모든 이들의 스마트폰에 설치되어 있다고 해도 과언이 아닌 인스타그램도 1억 다운로드에 이르는 데 30개월이 걸렸다.

사람처럼 자연스럽게 대화하는 능력과 함께 고객 서비스, 학습 도구, 콘텐츠 생성, 텍스트 분석 등 다양한 분야에서 활용할 수 있는 가능성을 보여 준 덕에 서비스 공개 초반부터 인기몰이를 한 ChatGPT는 향후 슈퍼앱 패권 경쟁에 생성형 AI가 끼칠 영향을 잘 보여 주는 바로미터다. 메신저, 금융, 여행, OTT(Over the Top) 등 각 분야에서 성공한 슈퍼앱은 생성형 AI 기반 서비스로 차별화를 꾀할 전망이다. ChatGPT의 등장으로 슈퍼앱 업계가 추구하는 생성형 AI 기반 미래 서비스의 방향이 뚜렷해졌다. 생성형 AI는 지금껏 없던 수준의 지능을 갖춘 챗봇을 슈퍼앱에 탑재할 기회를 제공한다. 이 생성형 AI 기반 챗봇은 단순 고객 지원 업무에 그치지 않고 다양한 기능과 서비스를 탑재한 슈퍼앱을 더 편리하게 사용할 수 있게 만드는 중요한 인터페이스 역할을 할 것이다. ChatGPT를 개발한 오픈AI의 기술은 현재 첨단 기술, 교육, 비즈니스 서비스, 제조, 금융, 헬스케어, 공공, 미디어 및 인터넷 등 다양한 분야에서 활용되고 있다. 일각에서는 ChatGPT 같은 생성형 AI 서비스 자체를 미래형 슈퍼앱으로 보기도 한다.

생성형 AI 서비스의 파급 효과는 지금껏 경험하지 못한 수준이 될 전망이다. 비즈니스 인사이더(Business Insider)가 옥스포드대와 예일대에서 325명의 AI 연구원을 대상으로 한 설문조사에 따르면, 전문가들은 AI가 2024년에는 언어 번역, 2026년에는 고등학생 수준의 에세이 작성, 2061년에는 인간의 모든 작업을 자동화, 2136년에 이르러서는 완전히 인간을 대체하는 수준으로 기술이 발전할 것으로 보고 있다.

새로운 생태계 모델의 등장

일부 전문가들은 ChatGPT가 우리가 특이점에 가까워지고 있다는 신호라고 주장한다. 하지만 그들은 ChatGPT가 오늘날 AI가 빠른 속도로 발전하고 있음을 보여 주는 강력한 사례라 강조하면서도, 이는 AI 기술 발전의 한 예일 뿐이라고 말하고 있다. 최근 ChatGPT 같은 언어 처리 모델 외에도 사실적인 이미지 생성 및 음악 작곡, 심지어 신약 개발을 할 수 있는 다른 초거대 모델도 등장하고 있다. 또한 이러한 기술만 진화하는 것이 아니다. 관련 비즈니스 모델과 생태계 역시 빠르게 발전하고 있다.

오픈AI는 ChatGPT 서비스 공개 후 유료 구독 이용자 기반을 확보하며 B2C 비즈니스의 가능성을 확인했다. 그리고 이후 선보인 API(Application Programming Interface) 서비스를 통해 B2B 사업을 새로운 수익 창구로 추가했다. 2019년 11월에 오픈AI와 첫 파트너십을 체결한 후 그들과 협력하고 있는 마이크로소프트는 자사의 퍼블릭 클라우드 서비스인 애저 오픈AI 서비스(Azure OpenAI Service)에 ChatGPT를 추가하며 열풍에 동참했다. 애저 오픈AI 서비스는 마이크로소프트 클라우드 고객들에게 다양한 오픈AI 제품에 대한 접근 권한을 부여하여, 고객들이 자체 구축하는 AI 애플리케이션에서 API를 통해 오픈AI 제품을 활용할 수 있도록 지원한다. 즉 오픈AI는 마이크로소프트의 클라우드 플랫폼인 애저를 사용해 자사의 제품과 서비스를 개발하고 배포할 수 있게 된 것이다.

한편 API의 뒤를 이어 오픈AI는 플러그인(Plug-In) 마켓플레이스를 선보이는 등 매우 빠르게 비즈니스 모델을 확대하고 있다.

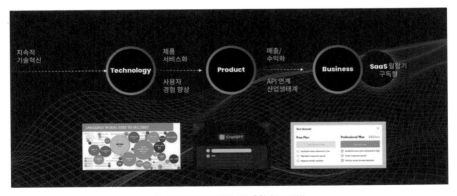

ChatGPT 비즈니스 가치 사슬(출처: Digital X1)

사용자는 더 간단한 상호작용 방식을 선호한다. 원하는 것을 얻기 위해 여러 메뉴를 일일이 들어갈 필요 없이 단순 키워드 입력만으로 원하는 답을 제시한다면? 이를 마다할 이는 없다. ChatGPT의 API를 통해 AI 기능을 갖춘 모바일 앱을 이용하는 사용자는 프롬프트(Prompt)를 통해 대화나 텍스트 입력으로 원하는 것에 접근할 수 있다. 예를 들어 항공편을 예약하기 위해 여러 메뉴를 오가며 화면을 터치할 필요 없이 "금요일에 제주행 항공편을 예약해 줘."와 같이 간단히 프롬프트에 텍스트를 입력하거나 말로 질문하기만 하면 초거대 언어 모델 기반 서비스는 사용자 요청을 이해하고 항공편을 검색한다. 이때 시간과 비용을 고려해 최적의 선택을 하고 예약까지 일사천리로 처리한 다음 예약 내역을 깔끔하게 정리해 사용자에게 전달한다.

생성형 AI가 대중화되면서 사람들은 정보의 바다에서 원하는 제품, 서비스, 콘텐츠에 접근하는 방식으로 더 이상 검색만 바라보지 않는다. 물론 생성형 AI가 검색을 대체하지는 않을 것이다. 2023년 현재 기준으로 보면 ChatGPT, Bard 같은 생성형 AI 서비스는 검색 엔진과 긴밀히 연계되는 수순을 밟고 있다. 오픈AI와 구글이 검색 엔진을 통합하는 이유는 간단하다. 검색 엔진은 생성형 AI 서비스가 마지막 학습 데이터 이후에 발생한 최신 정보에 접근할 수 있는 수단이다. 생성형 AI는 다양한 데이터와 주제에 대해 학습을 했지만 특정 질문이나 세부 정보가 없는 영역이 있을 수 있는데, 웹 검색을 통해 이러한 공백을 메울 수 있다. 이 외에도 검색을 통해 생성형 AI의 답변의 근거가 되는 출처를 제시할 수 있다. 정리하자면 생성형 AI는 검색을 대체한다기보다 사용자가 검색 엔진을 이용하는 방식을 바꾸고 있다. 사용자가 직접 다양한 키워드를 조합해 입력하지 않아도 ChatGPT, Bard 같은 생성형 AI 서비스가 사용자 대신 여러 자료를 찾아 일목요연하게 정리해 답을 제시한다. 필요한 경우 출처도 확인할 수 있다. 즉 생성형 AI는 사용자들이 기존에 겪었던 검색의 불편함을 해소하며 그들이 필요한 정보에 더욱 쉽게 다가갈 수 있게 한다.

모든 산업군에 영향을 끼치는 생성형 AI

바야흐로 모두가 사용자 경험이 중요하다고 주장하는 '경험 경제'의 시대이다. 소비 욕구는 단순히 상품이나 서비스를 구매하는 것에서 벗어나 상품이나 서비스에 대한 경험을 구매하는 쪽으로 바뀐 지 오래다. 생성형 AI는 오늘날의 경험 경제에서 고객의 마음을 사로잡는 핵심 요소가 될 수 있다. 실제로 모바일 앱 시장에서 생성형 AI 기술의 활용 수준은 브랜드 간 격차를 만드는 핵심 요인으로 자리 잡히고 있다. 생성형 AI 기술은 텍스트와 음성 외에 오디오, 비디오, 이미지, 코드 등 다양한 분야에서 활용되고 있으며 각 서비스에 대한 사용자들의 반응은 매우 뜨겁다.

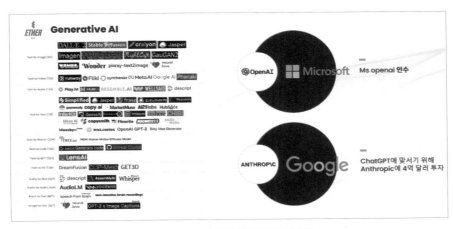

생성형 AI로 바뀌는 스타트업 생태계(출처: Digital X1)

ChatGPT 등장 후 다양한 산업계에서 비즈니스 운영과 고객 경험 개선에 생성형 AI 기술을 활용하는 실험에 착수했다. 시장 조사 기관, 언론 등을 통해 공개된 대표적인 시나리오를 정리하면 다음과 같다.

- **소매:** 고객 문의에 답변하고, 맞춤형 상품이나 서비스를 추천하는 등 개인 맞춤형 서비스 제공
- **의료:** 의료 관련 질문에 답하고, 진료 및 검사 예약 같은 스케줄링 서비스를 개인 맞춤형으로 제공

- **금융:** 맞춤형 금융 상품 추천 및 자산 관리 서비스 제공
- **여행 및 숙박:** 맞춤형 여행 추천 및 예약 서비스 제공
- **교육:** 일대일 코칭 방식의 맞춤형 교육 서비스 제공
- **법률:** 계약, 특허 출원 등 법 관련 문서 검토 및 맞춤형 법률 자문 서비스 제공
- **일반 기업:** 마케팅, 영업, 인사, 회계 등의 업무 자동화

이커머스 부문의 생성형 AI 활용 분야(출처: Digital X1)

API를 이용한 생성형 AI 활용

생성형 AI는 API를 통해 다양한 방식으로 활용할 수 있다. 슈퍼앱과 모바일 앱은 발 빠르게 API를 이용해 생성형 AI 기반 기능 및 서비스를 제공하고 있다.

1) 스냅챗+

ChatGPT를 기존 서비스에 통합하는 사례는 빠르게 증가하고 있다. 스냅챗은 ChatGPT 기반의 구독 서비스인 스냅챗+(Snapchat+)를 선보였다. 이 서비스에 가입하면 스냅챗 친구 목록에 AI 챗봇(My AI)이 등록된다. 사용자는

챗봇에 원하는 이름을 붙일 수도 있고 고유의 배경 화면도 지정할 수 있다. 이후 지인들과 대화하듯 말을 걸 수 있다. 스냅챗은 이 챗봇을 친구처럼 대하면서 퀴즈 게임을 하거나, 스냅챗 이용 방법을 묻거나, 생일 선물 아이디어를 묻거나, 축하 인사나 이메일 본문을 쓰거나, 요리 레시피를 묻거나, 휴가에 대한 조언을 구하는 용도로 쓸 것을 권하고 있다.

2) 쇼피파이

쇼피파이(Shopify)도 ChatGPT API를 활용해 스토어 소유자들이 고객에게 새로운 쇼핑 경험을 제공할 수 있도록 기회를 열어 준다. 쇼피파이는 스토어 소유자에게 ChatGPT를 스토어에 통합하는 방법을 안내하고 있다. 쇼피파이는 스토어 소유자들에게 ChatGPT 기반 챗봇 이용, ChatGPT를 이용한 맞춤형 개발, ChatGPT API를 이용한 통합 옵션을 제공한다. 따라서 쇼피파이에서 온라인 스토어를 운영하는 사업자는 고객의 관심사와 선호도에 따라 제품을 제안하고 할인을 안내하는 추천 서비스를 제공할 수 있다. 또한 1년 365일 연중무휴로 24시간 내내 이용할 수 있는 고객 서비스를 제공해 회사 업무 시간이 끝나도 주문 상태, 배송 세부 정보, 제품 정보 같은 질문에 실제 인간 상담원 수준으로 답하여 더 나은 쇼핑 경험을 창출할 수 있다.

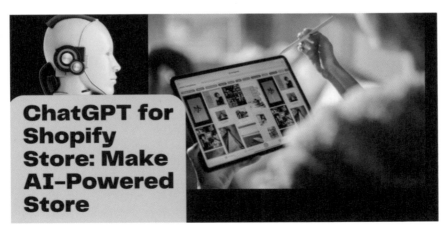

AI 기반 쇼핑 경험 제공을 위해 ChatGPT를 활용하는 쇼피파이

3) 퀴즈렛

　글로벌 학습 플랫폼을 운영하며 교육 분야의 슈퍼앱을 꿈꾸는 퀴즈렛 (Quizlet)도 ChatGPT API를 통해 서비스 수준을 높인 AI 튜터인 큐챗 (Q-Chat)을 공개했다. 학생이 질문하면 큐챗은 퀴즈렛의 방대한 교육 콘텐츠 라이브러리를 참조해 대화 방식으로 답을 알려 준다. 또한 큐챗은 학생에게 심층적인 질문을 던지며 학생이 학습한 내용을 잘 이해하고 있는지 파악하고, 언어 학습을 돕고, 올바른 학습 습관을 익혀 학습 능력을 높일 수 있도록 안내하는 역할도 한다. 즉, 단순한 온라인 학습 콘텐츠를 제공하는 것이 아니라 ChatGPT를 활용해 일대일 개인 교습을 하는 느낌의 학습 경험을 제공하는 것이다. 이러한 ChatGPT 기반 AI 튜터를 통해 퀴즈렛은 온라인 교육의 새 지평을 열어 가고 있다.

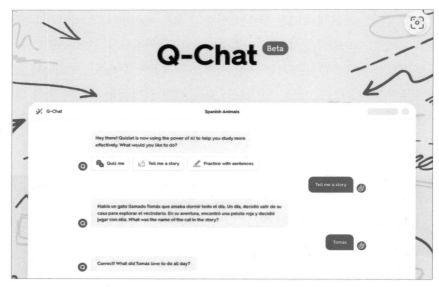

ChatGPT 기반 AI 튜터를 선보인 퀴즈렛

플러그인을 통한 생성형 AI 활용

한편, 오픈AI는 ChatGPT 플러그인이라는 새로운 영역도 개척하고 있다. IT 업계에서는 'ChatGPT 마켓플레이스를 통해 다양한 플러그인을 구할 수 있는 시대가 다가오고 있으며, 이는 과거 애플이 앱스토어의 문호를 외부 개발자에게 개방한 것 못지않은 파급 효과가 있을 것'으로 전망하고 있다. ChatGPT 플러그인과 앞서 살펴본 API 모두 ChatGPT의 기능을 사용하는 방법이다. ChatGPT 플러그인은 ChatGPT를 확장하고 기능을 향상시키는 데 사용할 수 있는 소프트웨어 모듈로, 현재 다양한 써드파티 모듈이 등장하고 있다. 이 모듈들을 통해 사용자는 ChatGPT에서 다양한 서비스에 더 쉽고 편하게 접근할 수 있다. ChatGPT API는 플러그인과 다르게 ChatGPT의 기능을 사용할 수 있는 방법으로, 오픈AI가 제공하는 API를 이용하면 생성형 AI 서비스를 다른 앱이나 웹 사이트에 적용할 수 있다.

ChatGPT 플러그인은 사람과 AI 간의 상호작용 패러다임을 바꾸려는 시도라 할 수 있다. 기업이나 개인 개발자는 오픈AI의 가이드에 따라 ChatGPT 플러그인을 개발할 수 있다. ChatGPT 플러그인은 초거대 언어 모델의 눈과 귀 기능을 한다고 비유할 수 있다. 눈과 귀라고 비유하는 이유는 플러그인을 통해 기존 초거대 언어 모델 훈련에 사용한 데이터 외의 정보까지 활용할 수 있기 때문이다. 오픈AI는 훈련에 사용한 데이터의 제약에서 벗어날 수 있는 길을 API, 그리고 플러그인까지 확대하며 새로운 생태계를 만들고 있다.

오픈AI는 브라우징 및 검색 플러그인을 공개하여, 향후 AI가 플러그인을 통해 어떻게 디지털 세상의 데이터를 활용할 수 있을지에 관한 방향을 제시했다. '브라우징 플러그인'을 ChatGPT에 적용하면 사용자의 질의에 답하기 위해 인터넷에 올라온 최신 정보를 찾아 결과를 끌어낸다. 요약 내용에는 답변에 대한 근거 사이트 참조가 달린다. 원래 사람이 직접 정보를 검색하고 주요 내용을 파악해 요약하던 것을 브라우징 플러그인이 처리한다고 이해하면 된다. ChatGPT를 통합한 마이크로소프트 Bing 검색 엔진을 이용해 봤다면

ChatGPT의 브라우징 플러그인이 무엇인지 바로 이해가 될 것이다.

다음으로 '검색 플러그인'은 인터넷에 공개된 정보가 아니라 기업 내부 시스템에 존재하는 정보나 사용자 시스템 내에 존재하는 개인 정보를 AI가 참조하는 대상으로 삼는 개념이다. 일상의 언어로 동료와 대화하듯이 질문을 하면 ChatGPT가 조직의 시스템 내에 있는 데이터를 검색하여 답을 찾는다. 엘라스틱서치(Elasticsearch) 같은 엔터프라이즈 검색 엔진을 이용해 조직 내 데이터를 검색하는 것과는 차원이 다르게 마치 누군가가 다듬은 듯한 가공된 형태의 결과를 보여 준다.

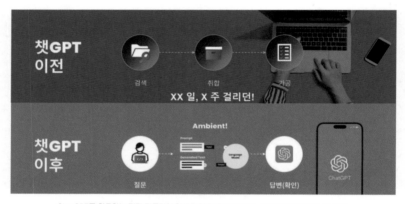

ChatGPT를 활용하는 것과 전통적인 검색을 해 자료를 가공하는 것의 차이(출처: Digital X1)

브라우징 및 검색 플러그인과 함께 오픈AI는 파이썬 코드를 직접 실행할 수 있는 코드 인터프리터 플러그인도 공개했다. 이처럼 오픈AI가 플러그인의 개념과 가능성을 보여 주기 위해 그 예로 몇 가지 플러그인을 공개한 것과 더불어 익스피디아(Expedia), 피스칼노트(FiscalNote), 인스타카트(Instacart), 카약(KAYAK), 클라르나(Klarna), 마일로(Milo), 오픈테이블(OpenTable), 쇼피파이(Shopify), 슬랙(Slack), 스피크(Speak), 울프람(Wolfram), 자피어(Zapier)가 첫 플러그인 개발 기업으로 참여했다. 이들이 선보인 플러그인을 보면 왜 IT 업계에서 ChatGPT 플러그인 마켓플레이스가 모바일 시대의 앱스토어 못지않은 파장을 일으킬 것이라 전망하는지 그 이유를 알 수 있다.

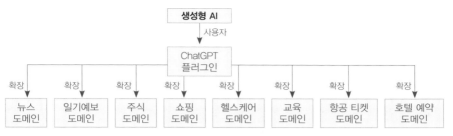

생성형 AI

↓ 사용자

ChatGPT
플러그인

| 확장 | 확장 | 확장 | 확장 | 확장 | 확장 | 확장 | 확장 |

| 뉴스 도메인 | 일기예보 도메인 | 주식 도메인 | 쇼핑 도메인 | 헬스케어 도메인 | 교육 도메인 | 항공 티켓 도메인 | 호텔 예약 도메인 |

ChatGPT 플러그인을 통한 도메인 확장(출처: Digital X1)

참고로 플러그인은 ChatGPT 환경에서 사용할 수 있을뿐 아니라 필요에 따라 모바일 앱에 해당 기능을 연계해 사용자에게 제공할 수 있다. 기업은 ChatGPT 플러그인 마켓플레이스를 통해 새로운 소비자와 만날 수 있고, 필요에 따라 자사 앱에 타사 플러그인을 연계해 더 풍부한 서비스를 제공할 수도 있다.

기업들이 공개한 ChatGPT 플러그인이 AI와 슈퍼앱 관련 사용자 경험을 어떻게 바꿀 수 있는지 몇 가지 예를 통해 알아볼 것이다. 다음은 익스피디아, 클라르나, 슬랙의 ChatGPT 플러그인 활용 사례이다.

1) 익스피디아

호텔, 항공권 같은 여행 관련 정보 검색, 예약 등의 서비스를 모바일 앱과 웹사이트를 통해 제공하는 익스피디아 사례를 먼저 보자.

익스피디아가 선보인 ChatGPT 플러그인을 활용하면 단 몇 초 만에 여행 계획을 세울 수 있다. 사용자가 여행 일정과 목적지 정보를 알려 주고 직항 항공편을 찾는다는 식으로 질문하면 챗봇이 익스피디아 카탈로그 전체를 샅샅이 뒤져 여행 세부 정보, 티켓 가격, 할인 정보, 티켓 구매 링크 등의 정보를 요약해 답으로 내놓는다. 사용자는 목록에서 원하는 항공편을 선택해 링크를 타고 가서 바로 예약하기만 하면 된다. 항공편 예약 후 현지 숙박 및 체험 활동, 렌터카 등에 대한 질문을 하면 챗봇이 바로 답을 한다. 이때 질문에 자신의 선호를 자세히 기술하면 맞춤형 추천을 답으로 받을 수 있다.

2) 클라르나

다음으로 핀테크 업계에서는 클라르나가 처음으로 ChatGPT 플러그인을 마켓플레이스에 올렸다. 클라르나는 '선구매 후결제(Buy Now Pay Later)' 서비스를 온라인 쇼핑과 묶어 제공하는 핀테크 기업이다. 클라르나는 ChatGPT 플러그인을 통해 고도로 개인화된 쇼핑 경험을 창출했다.

클라르나는 25만 개가 넘는 소매 기업과 파트너를 맺고 온라인 및 오프라인 매장에서 쇼핑을 할 때 바로 구매하고 나중에 지불하는 편의를 제공한다. 클라르나의 ChatGPT 플러그인을 적용하면 마치 친구와 대화하듯이 챗봇과 이야기를 주고받으면서 쇼핑하는 경험을 할 수 있다. 가령 사용자가 150달러 예산 범위 내에서 살 수 있는 인기 많은 헤드폰이 무엇인지 물으면 다양한 선택 옵션을 제시한다. 단순히 상품을 나열하는 것이 아니라 상품 추천 이유와 함께 사진과 링크까지 친절히 안내한다. 이렇게 ChatGPT를 이용하면 플러그인을 통해 예산과 취향에 맞는 맞춤형 추천을 바로 받을 수 있어, 사용자는 더 이상 상품 검색, 사용자 후기 검토, 가격 비교를 하는 데 시간을 허비할 필요가 없다.

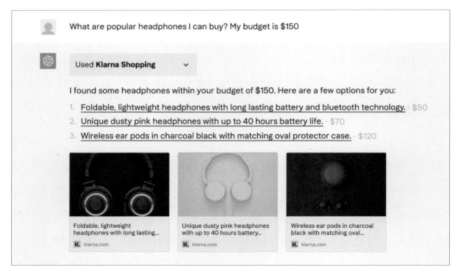

클라르나 ChatGPT 플러그인(출처: 클라르나)

3) 슬랙

생산성 부문에서는 슬랙이 좋은 예다. 슬랙은 자사 앱에 ChatGPT를 통합했다. 사용자는 슬랙용 ChatGPT를 통해 채널 또는 스레드의 내용을 빠르게 요약할 수 있고, 심지어 오랜 기간 긴 대화가 오간 경우라도 대화의 주요 내용 파악을 쉽고 빠르게 할 수 있다. 그리고 모든 프로젝트와 주제에 대한 질문의 답도 즉시 받을 수 있다. 또한 슬랙을 통해 전달하고자 하는 메시지도 AI의 도움을 받아 작성할 수 있는데, 사용자는 메시지 본문 작성에 시간을 허비할 필요 없이 몇 초면 원하는 내용의 메시지를 올릴 수 있다. 이 외에도 슬랙용 ChatGPT는 슬랙이 지원하는 2,600개 이상의 다른 도구와 연계해 사용할 수 있다.

참고로 슬랙용 ChatGPT의 실제 사용자는 바로 오픈AI다. 오픈AI는 조직원의 업무 생산성을 높이고 고객과 소통을 개선하는 데 슬랙용 ChatGPT를 활용하고 있다.

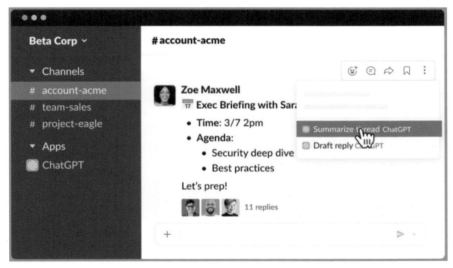

슬랙 앱에 통합된 ChatGPT(출처: 세일즈포스)

닮아도 너무 닮은 ChatGPT와 슈퍼앱

ChatGPT는 우리가 알던 디지털 세상을 송두리째 바꿀 잠재력을 지닌 것으로 평가받고 있다. ChatGPT의 기술 혁신과 비즈니스 방식은 사실 낯설지 않다. 그 내용을 들여다보면 슈퍼앱과 많이 닮았다. 슈퍼앱과 ChatGPT 모두 디지털 상품 시대가 어떻게 전개될지를 보여 주는 바로미터라 할 수 있다.

슈퍼앱은 단일 앱을 중심으로 다양한 디지털 제품이 통합 및 연계되는 가운데 새로운 사용자 경험을 창출하고, 이를 토대로 디지털 제품으로 수익을 창출하며 진화하고 있다. 슈퍼앱이 수년에 걸쳐 걸어온 여정을 ChatGPT는 매우 짧은 시간 만에 실행에 옮긴다는 점을 빼면 큰 차이가 없다. 슈퍼앱과 ChatGPT가 상징하는 디지털 시대의 모습은 컨슈머라이제이션과 커머셜라이제이션이라는 두 키워드로 압축할 수 있다. '컨슈머라이제이션'은 복잡한 제품과 서비스를 더욱더 사용자 친화적이고 소비자가 쉽게 접근할 수 있도록 만드는 과정을 말한다. 이는 사용자 인터페이스를 단순화하고, 더 많은 셀프 서비스 옵션을 제공하며, 제품과 서비스를 더 쉽게 찾고 구매할 수 있도록 하기 위한 노력이라 볼 수 있다. 다음으로 '커머셜라이제이션'은 디지털 제품이나 서비스를 수익성 있는 비즈니스로 전환하는 과정을 말한다. 이는 강력한 마케팅 전략 개발, 경쟁력 있는 제품, 또는 서비스 가격 책정 등을 통해 이루어질 수 있다.

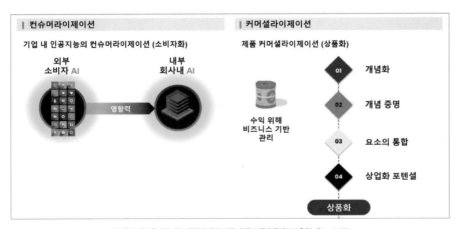

생성형 AI가 촉발한 컨슈머라이제이션과 커머셜라이제이션(출처: Digtal X1)

1) 컨슈머라이제이션 개념 재정의

슈퍼앱과 ChatGPT는 컨슈머라이제이션(Consumerization)을 재정의하고 있다. 슈퍼앱은 모든 것을 단일 앱에서 이용할 수 있는 사용자 경험을 만들었고, ChatGPT는 여러 데이터와 서비스에 접근할 수 있는 단일 인터페이스라는 새로운 길을 열었다. ChatGPT 같은 생성형 AI 서비스를 활용하면 자사에 막대한 예산을 투자한 AI 인프라나 숙련된 데이터 과학자와 개발자가 없어도 내부 업무부터 시작해 대외 고객 서비스, 디지털 제품 등 모든 곳에 AI를 접목할 수 있다. AI 기술이 더 저렴하고 사용하기 쉬워짐에 따라 일반 대중과 기업 모두 더 쉽게 접근할 수 있게 되었다.

AI 기술의 컨슈머라이제이션은 슈퍼앱의 사용자 경험을 한 차원 높은 수준으로 바꾸고 있다. 슈퍼앱은 결제, 메시징, 택시 호출, 음식 배달 등 다양한 서비스를 단일 앱으로 이용할 수 있는 환경으로, 사용자가 여러 개의 앱을 사용해야 하는 불편함을 단일 앱으로 해결하면서 디지털 제품에 대한 컨슈머라이제이션 시대를 열었다. 이렇게 슈퍼앱이 제시한 모바일 앱의 컨슈머라이제이션 개념은 생성형 AI 기술을 만나면서 또 한 번 진화의 단계로 접어들었다. 생성형 AI 기술은 '슈퍼앱의 수많은 기능과 서비스를 탐색하고 이용하는 방식'에 근본적인 혁신을 이끌 잠재력이 있다. 프롬프트를 통해 사용자와 슈퍼앱은 대화를 중심으로 상호작용할 수 있는데 대화의 방식은 단순 텍스트를 넘어 이미지나 음성을 활용한 방식으로도 이루어진다. GPT-4부터 멀티 모달(Multi Modal)을 지원함에 따라 음성과 이미지까지 대화 요소로 활용할 수 있게 되었다.

이처럼 생성형 AI는 지금까지 없던 수준의 단순한 슈퍼앱 사용 경험을 제공할 수 있으며, 이는 곧 ChatGPT 같은 생성형 AI가 '슈퍼앱이 갖는 복잡성의 딜레마'를 해결할 수 있음을 뜻한다. 기본적으로 슈퍼앱은 단순함을 유지하는 가운데 가능한 한 많은 서비스를 통합하는 것을 추구한다. 이러한 슈퍼앱에 대화 중심으로 사용자와 상호작용하는 생성형 AI 기술이 접목되면, 슈퍼앱은 사용자 경험을 해치지 않으면서 서비스 생태계를 확장하여 새로운 수익 창출의 기회를 확대할 수 있다.

2) 커머셜라이제이션 개념 재정의

슈퍼앱과 ChatGPT 같은 생성형 AI 기술은 디지털 서비스에 대한 커머셜라이제이션(Commercialization) 개념도 재정의하고 있다. 고객과의 상호작용이 많아질수록 슈퍼앱은 개별 사용자의 요구와 선호도에 맞춘 개인화된 경험을 제공할 수 있는 경쟁력을 갖게 된다. 이를 자산으로 삼아 기본 앱 기능은 무료로 제공하고 별도의 프리미엄 기능을 추가해 인앱 구매를 유도하거나 유료구독 서비스를 통해 다양한 콘텐츠를 제공하는 식으로 수익을 창출할 수 있다.

생성형 AI 기술도 이와 비슷한 패턴으로 커머셜라이제이션의 길을 걷고 있다. ChatGPT를 예로 들자면, ChatGPT는 챗봇이라는 사용자 친화적인 방식으로 누구나 쉽게 AI 서비스를 일상에 활용할 수 있는 길을 열었다. 다른 서비스에서는 체험할 수 없는 ChatGPT만의 차별성이 엄청난 화제성을 낳고 놀라운 속도로 사용자 기반이 확장된 것도 성공한 슈퍼앱이 보인 양상과 유사하다. 데이터가 많아질수록 더욱 강력한 서비스가 되는 것도 다르지 않다. 여기에 더해 '기본 서비스는 무료이지만 더 빠른 응답과 최신 기능에 먼저 접근할 수 있는 유료 구독 서비스를 제공하는 것'과 'API 기반 서비스와 플러그인 마켓플레이스를 제공하는 것'도 큰 틀에서 볼 때 슈퍼앱과 닮은 부분이다.

커머셜라이제이션의 잠재력을 높이는 '생태계' 측면에서도 슈퍼앱과 생성형 AI는 지금까지와는 다른 파괴적 혁신을 보여 주고 있다. 슈퍼앱은 플랫폼을 개방하고, 자사 슈퍼앱을 위한 기능을 손쉽게 구현하거나 연계할 수 있는 도구를 제공하며, 다양한 파트너와 협력하는 식으로 비즈니스 생태계를 구축한다. 슈퍼앱의 상징과도 같은 '위챗'의 경우 파트너가 자사 플랫폼에 서비스를 통합할 수 있도록 플랫폼을 개방하고, 위챗용 기능 또는 서비스 개발을 돕기 위해 위챗 미니 프로그램 개발 도구와 위챗 API, SDK 등을 제공하고 있다. 더불어 금융 서비스, 전자상거래 및 물류를 포함한 다양한 산업의 기업과 파트너십을 맺고 더 많은 서비스를 단일 앱으로 제공하는 전략적 우위를 강화하고 있다. 그리고 생성형 AI의 대표 격인 'ChatGPT'는 개발자가 생성형 AI 서비스를 애플리케이션에 통합할 수 있도록 API를 제공하는 한편 ChatGPT 사용자에게 자사 기능을 제공하기 위한 플러그인 마켓플레이스 중심의 생태계를 구축하고 있다.

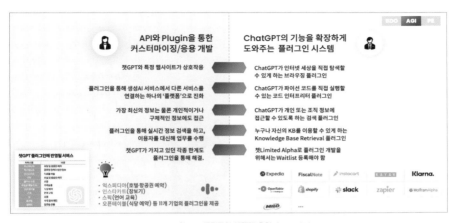

ChatGPT의 API, 플러그인 생태계(출처: Digital X1)

후발 주자가 따라오기 힘든 격차

슈퍼앱과 ChatGPT의 유사성은 게임의 법칙까지 이어진다. 많은 이들이 슈퍼앱 시장의 특징 중 하나로 '승자 독식'을 꼽는다. 인터넷 시절과 모바일 앱 시대의 경우 소매, 서비스, 엔터테인먼트 등 분야별로 선도 그룹과 후발 주자가 경쟁하는 구도가 일반적이었다. 하지만 슈퍼앱은 좀 다르다. 독보적인 1위 사업자가 시장의 대부분을 가져가는 구조이다. ChatGPT 역시 마치 후발 주자는 없다는 식으로 격차를 만들어 가고 있다.

이와 더불어 슈퍼앱과 ChatGPT는 후발 주자가 따라오기 힘든 격차를 만드는 방식도 비슷하다. 슈퍼앱은 소프트웨어 개발 역량과 막대한 비용, 그리고 노하우를 필요로 하는 클라우드 인프라를 기반으로 격차를 만든다. ChatGPT는 추격을 허용하지 않는 수준의 속도로 기술 혁신을 하고 글로벌 사용자와 기업 파트너에게 원활한 서비스를 제공하기 위해 시쳇말로 "달러를 태운다."라는 표현을 쓸 정도로 큰 비용을 클라우드 이용에 쓰고 있다. 마이크로소프트가 ChatGPT 개발사인 오픈AI에 100억 달러(약 12조 3,900억 원)를 투자한 것도 그만큼 서비스 운영에 많은 돈이 들기 때문이다.

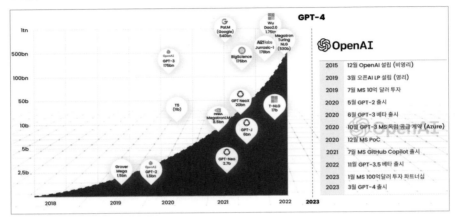

오픈AI가 걸어온 길(출처: Digital X1)

QUEST

02

|

ChatGPT가 바꾼
일상과 게임의 법칙

DIGITAL X1

앞서 살펴본 바와 같이 오픈AI는 창업 후 빠른 성장을 보이며 AI 기술의 새 지평을 열어 가고 있다. ChatGPT는 디지털 경제 환경에서 이루어지는 데이터, AI, 사용자 간 상호작용 방식을 재정의하고 있다. 이는 단순한 기술 진보가 아니다. 실제 비즈니스 현장에서 ChatGPT 활용 시나리오가 빠르게 등장하고 있다. 테크, 금융, 소매, 서비스 등 다양한 산업계 리더들은 ChatGPT API 사용 및 플러그인 개발, 오픈AI와의 협력을 통한 파일럿 추진 등을 통해 ChatGPT를 내부 업무, 대외 고객 서비스에 발 빠르게 접목하고 있다.

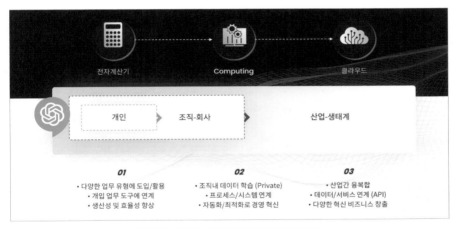

개인, 조직, 산업의 ChatGPT 도입 및 활용(출처: Digital X1)

이처럼 개인부터 회사, 산업계가 동시에 새로운 기술 활용에 열광을 한 예는 찾아보기 어렵다. 보통 서비스가 출시되면 IT 전문가나 얼리 어답터 위주로 초기 사용자층이 형성되는데 ChatGPT는 출시 후 역대 최단 기간인 5일 만에 1백만 사용자를 확보하는 모습을 보였다. 또한 2개월 만에 월 이용자 수 (MAU, Monthly Active User) 1억 명 도달이라는 경이로운 기록을 세우며 이제 AI는 모든 이를 위한 일상의 기술로 자리 잡았음을 알렸다. 서비스가 출시된 지 얼마 되지 않은 시점에 이미 온라인에는 ChatGPT 관련 팁이 넘쳐 났고 각종 서적과 영상이 쏟아져 나왔다.

ChatGPT가 바꾼 일상

ChatGPT를 일단 접한 이는 집과 직장 모두에서 이를 손에서 놓지 못하는 현상까지 발생하고 있다. ChatGPT 서비스 초기인 2023년 초에는 유료 구독자도 가끔 서비스 지연이나 접속 장애가 발생했는데, 이와 관련해 중요 업무 시스템이 다운된 것 못지않은 불편을 호소하는 이들의 글을 온라인 커뮤니티 게시판에서 어렵지 않게 찾아볼 수 있었다. 언론과 몇몇 회사는 중요한 일에 ChatGPT를 사용하지 말라고 강조했다. 하지만 포춘(Fortune)에서 실시한 여론 조사 결과를 보면, 마치 비서가 옆에서 모든 작업을 도와주는 듯한 그 편의성과 생산성을 뿌리치기 어려워 설문 응답자 중 절반 가까이가 업무를 ChatGPT로 처리하고 있다고 답했다.

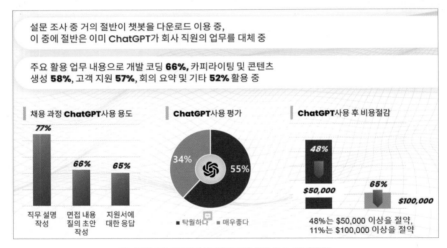

ChatGPT 관련 설문 조사 결과(출처: 포춘 자료, Digital X1 재정리)

엔터프라이즈 컴퓨팅 영역까지 영향을 끼치는 ChatGPT

ChatGPT의 등장은 개인에게만 반가운 것이 아니었다. 기업도 이를 적극적으로 수용하기 위해 나서고 있다. 기업이 ERP, CRM, MES, SCM 등의 시스템에 ChatGPT를 '새로운 데이터 접근 경로'이자 '사용자와 상호작용하는 인터페이스'로 적용하는 작업에 대한 보도가 2023년 초부터 하나 둘 나오기 시작했다.

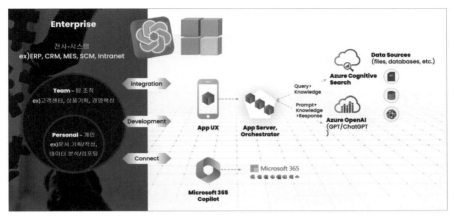

기업들의 ChatGPT 통합 예(출처: Digital X1)

전통적인 LOB(Line of Business) 시스템 및 고객 서비스 관련 시스템 구축과 운영에서 벗어나 AI 기반 대화형 서비스를 디지털 플랫폼과 슈퍼앱 또는 모바일 앱에 적용하기 위한 파일럿 프로젝트를 추진하는 경우도 많다. 이런 유형의 프로젝트를 추진하는 조직 모두가 공감하는 것이 있다. 그것은 바로 생성형 AI 기술이 기업이 오랜 기간 추진해 온 빅데이터와 AI 이니셔티브 전략을 원점으로 돌릴 정도의 파괴력을 갖고 있다는 것이다. 예를 통해 알아보자.

모건 스탠리 자산 관리(MSWM, Morgan Stanley Wealth Management)는 오픈AI의 GPT-4 기반 서비스 조기 액세스 프로그램에 참여해 흥미로운 실험을 했고, 이는 MSWM이 조직 내부 데이터 자산과 지적 재산을 활용하는 방식을 송두리째 바꾸었다. 이 실험에서 MSWM의 금융 전문가 1만 6,000명은 GPT-4 기반 챗봇을 이용해 고객에게 자산 관리 자문을 제공하는 데 필요한 정보를 탐색하고 가공해 보았다. 그동안 특정 질문에 대한 답을 찾기 위해 문서 검색과 자료 검토 및 가공에 많은 시간을 쏟아부었던 MSWM의 금융 전문가들은 GPT-4 기반 챗봇을 사용하면 단 몇 초 만에 전문가의 손길이 느껴지는 자산 관리 콘텐츠를 손에 넣을 수 있다는 사실을 알게 되었다. 심지어 인터넷의 정보를 참조하는 것이 아니라 MSWM의 노하우가 담긴 검증된 데이터를 활용하다 보니 챗봇의 답변은 신뢰 수준이 매우 높았다.

이 GPT-4 기반 서비스 조기 액세스 프로그램을 통해 MSWM은 재정 자문 부문에서 ChatGPT의 가능성을 확인했고, 향후 재정 자문을 넘어 고객 커뮤니케이션 등 다양한 부문에 오픈AI의 기술을 활용할 계획임을 밝혔다.

MSWM의 GPT-4 기반 챗봇 활용(출처: Digital X1)

기업의 보안과 규제 가이드라인을 충족하는 생성형 AI 옵션

MSWM 같은 사례는 앞으로 계속 나올 것으로 보인다. ChatGPT는 누구에게나 문호가 열린 서비스인 동시에 기업을 위한 생성형 AI 솔루션이기도 하다. 오픈AI는 기업을 위해 파운드리(Foundry)라고 이름 붙인 개발자 플랫폼을 제공한다. 이 플랫폼은 기업 전용 컴퓨팅 용량을 제공하는 클라우드 기반 서비스다. 이를 이용하면 AI 인프라와 운영 인력 없이도 전용 환경에서 오픈AI에서 사용하는 것과 같은 도구 및 대시보드로 추론 인스턴스를 실행하고 모니터링하고 최적화할 수 있다. 향후 오픈AI는 최신 GPT 모델에 대한 미세 조정(Fine-tuning) 옵션도 제공할 예정이다. AI 인프라를 클라우드 서비스 사업자나 외부 서비스 기업이 제공하는 것을 이용하지 않고 '사내 전산실(온프레미스)' 또는 '조직이 보유 및 임대한 데이터센터(프라이빗 클라우드)'에 구축하고 싶다면 엔비디아의 니모(NeMo) 같이 사전 훈련을 마친 초거대 모델과 자연어 처리 기능을 제공하는 솔루션을 사용하면 된다.

파운드리 또는 GPT 관련 엔터프라이즈 솔루션을 이용하면 기업은 조직의 비즈니스 로직 및 데이터베이스 등 다양한 리소스와 ChatGPT를 연동해 활용할 수 있다. 이렇게 하면 기업의 중요 정보를 공개 서비스에 올리지 않아도 되고, 정제되어 좋은 품질을 갖춘 사내 데이터의 활용 가치를 높일 수 있다.

ChatGPT 연동 작업은 일반적인 시스템 연계와 비교해 난이도가 낮다. 조직의 비즈니스 로직과 데이터 리소스에 접근할 수 있는 API를 구축한 다음 이를 ChatGPT API와 연동하면 된다. 그렇다면 기업에게 가치가 큰 실시간 정보 활용은 어떨까? ChatGPT는 기업의 필요에 따라 사용자 질문이나 요청에 대한 답을 실시간 정보를 기반으로 제공할 수 있다. 이 외에도 ChatGPT 모델이 한 프롬프트에서 다음 프롬프트까지 대화의 맥락을 기억할 수 있도록 하는 기능인 '세션 컨텍스트'와 ChatGPT가 대화를 기억하는 데 사용하는 자료 구조인 '커스텀 히스토리 자료 구조' 기능을 통해 사내 환경에서도 최적화된 방식으로 활용할 수 있다. 따라서 대화의 맥락 속에서 더 나은 답을 찾는 ChatGPT의 장점을 온프레미스나 프라이빗 클라우드 환경에서도 무리 없이 누릴 수 있다.

이처럼 ChatGPT를 사내 업무 개선을 위해 사용하려면 프롬프트 엔지니어링(Prompt Engineering) 역량이 뒷받침되어야 한다. 조직이 보유한 데이터에 대한 통찰력을 바탕으로 업계, 제품, 서비스, 내부 프로세스, 비즈니스 로직 등에 맞게 조정된 프롬프트 설계가 필요하다. 또한, 직원의 역할과 책임에 맞게 질문과 요청을 하고 관련 답변을 받을 수 있도록 엔지니어링 작업을 해야 한다.

참고로 프롬프트 엔지니어링 역량이 높은 조직이 개발한 슈퍼앱은 초거대 언어 모델을 더 효율적으로 사용할 수 있을 뿐만 아니라 다양한 응용 분야로 적용을 확대하는 데에도 유리하다. 프롬프트 엔지니어링 역량을 높이면 AI 기반 사용자와의 상호작용을 개선하고, 더 나은 개인화 및 추천을 하고, 고객 지원을 개선하고, 지속적인 서비스 혁신을 이어 갈 수 있다.

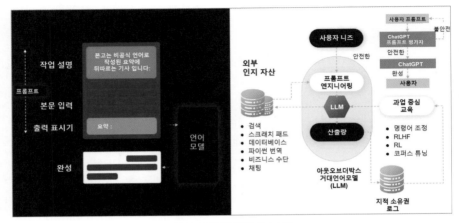

프롬프트 엔지니어링(출처: Digital X1)

빠르게 커지는 오픈AI의 영향력

산업 측면에서는 오픈AI가 주도하는 새로운 생태계가 빠르게 자리를 잡았다. 오픈AI는 ChatGPT 베타 서비스 출시 후 곧바로 유료 구독 서비스를 선보였고, 뒤를 이어 API 서비스를 공개한 다음 플러그인 및 마켓플레이스를 소개하며 빠르게 생성형 AI 생태계의 기틀을 다졌다.

오픈AI는 베타 서비스 출시 전부터 900개가 넘는 조직과 생성형 AI 관련 협업을 진행했다. 파트너 조직은 금융, 소매, 의료, 서비스 등 전 산업을 포괄한다. 한마디로 생성형 AI는 모든 업계의 관심사다. 오픈AI가 '게임 체인저'로 전 세계 사용자에게 각인된 것은 상용 구독 서비스인 ChatGPT 플러스를 공개하면서부터다. 오픈AI는 전 세계에서 이용자의 구독 요청과 결제, 그리고 세금 관련 처리를 원활하게 하기 위해 핀테크 기업인 스트라이프(Stripe)와 손잡

앉다. 스트라이프는 오픈AI와 협력하여 ChatGPT 플러스 구독 관련 빌링과 체크아웃 서비스를 제공했다. 더불어 전 세계 사용자가 ChatGPT 플러스를 원활하게 구독할 수 있도록 각 지역의 세금 의무를 충족하고 환불 및 분쟁을 관리할 수 있는 서비스도 제공했다. 참고로 스트라이프는 오픈AI 외에도 런웨이(Runway), 다이어그램(Diagram), 문빔(Moonbeam) 같은 생성형 AI 서비스 기업이 글로벌 사용자를 대상으로 수익을 창출할 수 있도록 돕는 기업 핀테크 플랫폼을 제공하고 있다.

ChatGPT 플러스 공개 후 오픈AI는 API를 선보이며 개인을 넘어 기업까지 고객군을 확대했다. 그리고 ChatGPT 플러그인과 GPT-4 기반 ChatGPT를 공개하면서 전 세계에 걸친 탄탄한 생태계 구축의 기틀을 다졌다. 특히 플러그인 마켓플레이스는 그 잠재력을 매우 높게 평가받았고, GPT-4는 전 세계 기술 커뮤니티의 큰 호응을 받았다.

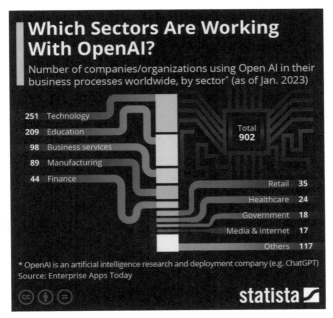

오픈AI 기술 활용 분야(출처: 세계경제포럼)

AI 강자 구글의 반격

ChatGPT가 발 빠르게 B2C, B2B 비즈니스 모델을 구체화하면서 시장을 이끌자 구글은 발 빠르게 대응 서비스를 내놓으며 양강 구도를 형성하고 있다.

구글은 2023년 상반기에 생성형 AI 전략을 구체화했다. 생성형 AI 기술의 원조인 만큼 구글의 대반격은 매우 광범위한 영역에서 이루어졌다. 구글은 초거대 언어 모델인 PaLM(Pathways Language Model)을 기반으로 한 Bard 서비스를 공개하며 ChatGPT에 빼앗긴 시장의 관심을 돌렸다. Bard 서비스의 차별점은 B2C 영역에서 강력한 구글의 검색 엔진과 생성형 AI 기술을 접목한 것이다. 이와 더불어 B2B 시장 공략 수위도 높았다.

구글의 B2B 제안은 구글 클라우드를 통해 이루어진다. 구글 클라우드는 초거대 언어 모델인 PaLM의 API부터 자연어 API, 비전 API와 같은 다양한 서비스 포트폴리오를 제공한다. 여기에 더해 로우코드/노코드(Low Code/No Code) 도구를 통해 프롬프트 엔지니어링과 AI 앱 개발의 문턱을 크게 낮추었다. 구글 클라우드의 생성형 AI 스튜디오를 이용하면 누구나 간편하게 PaLM 같은 초거대 언어 모델을 필요에 맞게 프롬프트 엔지니어링할 수 있다. 사용자는 매우 직관적으로 프롬프트를 디자인하고, 매개변수를 조정해 모델을 미세 조정(Fine-tuning)하고, 튜닝 후 모델 평가 작업을 할 수 있다. 다음으로 구글 클라우드의 생성형 AI 앱 빌더를 사용하면 코드 작성 없이 생성형 AI 기반 기능을 현재 서비스 중인 사이트나 모바일 앱에 통합할 수 있다.

구글 클라우드의 로우코드/노코드 도구는 생성형 AI 기술의 컨슈머라이제이션을 가속할 전망이다. 기본적으로 생성형 AI 서비스 API를 이용한다는 것은 조직 내부에 어느 정도 경험이 있는 데이터 과학자나 개발자가 있다는 것을 뜻한다. 내부 인력과 역량이 없는 경우, 프롬프트 디자인까지는 어찌 해 볼 수 있지만 내부 데이터 세트를 가지고 미세 조정해 가며 모델을 최적화한 뒤 이를 사이트나 모바일 앱에 연계하는 일은 할 수 없다. 구글은 이런 현실적인 문제를 로우코드/노코드 도구로 해결하는 접근을 하고 있고, 이는 생성형 AI 기술의 컨슈머라이제이션에 큰 기여를 할 것으로 보인다.

슈퍼앱과 사용자 간 상호작용 방식의 대대적인 변화 예고

ChatGPT와 Bard 같은 초거대 언어 모델 기반 서비스는 슈퍼앱과 상호보완적인 관계를 이어 가면서 디지털 장치, 모바일 앱 사용 경험을 크게 바꿀 전망이다.

이러한 대대적인 변화를 가장 잘 표현한 이는 바로 빌 게이츠다. 그는 타임지와의 인터뷰에서 "ChatGPT 뒤에 있는 AI 기술은 1980년대 '그래픽 사용자 인터페이스(GUI, Graphic User Interface)'만큼 혁명적이라고 할 수 있다." 라고 말했다.

"The artificial intelligence (AI) technology behind tools like ChatGPT could be as revolutionary as the graphical user interface was in 1980."
챗GPT 뒤에 있는 인공 지능(AI) 기술이 1980년의 그래픽 사용자 인터페이스(GUI)만큼 혁명적일 수 있다. TIME

"AI-powered ChatGPT as important as 'PC, internet, mobile phones'"
"AI 기반 ChatGPT, 'PC·인터넷·휴대폰' 못지않게 중요" NEW YORK POST

"In the future ChatGPT will be like 'having a white-collar worker available to help you'"
Bill Gates는 미래에 ChatGPT가 '당신을 도울 수 있는 사무직 직원을 갖는 것'과 같은 것이다. BUSINESS INSIDER

ChatGPT에 대한 빌 게이츠의 여러 인터뷰(출처: 타임, 뉴욕 포스트, 비즈니스 인사이더)

빌 게이츠의 표현은 과장이 아니다. ChatGPT는 모든 것을 위한 인터페이스의 가능성을 제시했다. ChatGPT는 사용자가 필요로 하는 기능이나 서비스, 데이터나 정보를 지금까지와는 다른 방식으로 제공한다. 사용자는 ChatGPT를 인터페이스 삼아 디지털 세상을 마주할 수 있다.

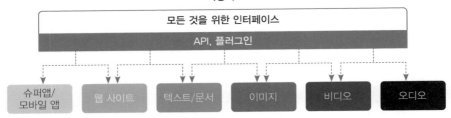

| 모든 것을 위한 인터페이스 |
| API, 플러그인 |

| 슈퍼앱/
모바일 앱 | 웹 사이트 | 텍스트/문서 | 이미지 | 비디오 | 오디오 |

사용자와 디지털 세상을 잇는 인터페이스 ChatGPT(출처: Digital X1)

GUI와 마우스를 뛰어넘는 혁신, 멀티 모달 인터페이스

개인용 컴퓨터 등장 초기인 1960~1970년대에는 텍스트 명령어를 이용해 프로그램을 실행하고 사용했다. 명령어를 모르면 컴퓨터를 쓸 수 없는 불편한 방식이다. 개인용 컴퓨터를 모두가 편히 다룰 수 있게 된 것은 마우스와 GUI 기술이 애플 매킨토시와 마이크로소프트 윈도우를 통해 대중화되면서부터다. 이 시대를 목격한 이가 바로 빌 게이츠다. 그의 눈에 비친 ChatGPT 내부 AI 기술은 마우스와 GUI 못지않은 잠재력이 있다.

2000년대 들어 컴퓨터와 사용자의 상호작용은 모바일 기기 보급 확대로 터치 비중이 높아졌다. 사용자들이 터치에 익숙해지면서 일부 데스크톱과 노트북도 터치를 지원하였고, 이후 2010년대로 접어들면서 시리, 알렉사, 구글 어시스턴트가 음성 인식 기반 비서의 시대를 열었다. 이때부터 대중은 음성이 인터페이스가 될 수 있다는 가능성을 인지하기 시작했지만, 언어 장벽 및 음성 인식 제약 등의 이유로 음성 비서가 일상의 동반자로서 자리 잡기는 어려웠다.

음성 인식에 그다지 큰 감흥을 받지 못한 대중은 2023년 현재 AI 기반 멀티 모달 인터페이스에 큰 기대를 걸고 있다. 사람들은 ChatGPT를 통해 컴퓨터와 사용자가 일상의 자연스러운 대화 방식으로 상호작용할 수 있음을 직접 경험했다. 그리고 GPT-4가 나오면서 텍스트 외 음성, 영상, 이미지 등 다양한 유형의 입력과 출력을 처리할 수 있는 멀티 모달 인터페이스가 더 이상 꿈이 아니라 현실이란 것을 알게 되었다. 빌 게이츠가 AI 기반 인터페이스 혁명을 과거 마우스와 GUI에 비유하는 것에 공감하는 이가 많은 이유다.

ChatGPT는 AI 기반 멀티 모달이라는 새로운 상호작용 방식을 선보였다. 멀티 모달은 여러 가지 형태로 컴퓨터 또는 디지털 서비스와 대화하는 환경과 방식을 뜻한다. 기존에 우리가 사용한 인터페이스는 기계 중심이었다. 기계가 이해할 수 있는 명령어, 기계가 인식할 수 있는 좌표, 기계가 인식할 수 있는 주소를 통해 우리는 디지털 세상을 탐색해 왔다. 하지만 AI 기반 음성 인식 기술을 적용한 비서가 스마트폰에 탑재되면서부터는 상호작용의 주체가 사람으로 바뀌어 갔다. 그리고 오늘날 ChatGPT의 등장은 기계가 이해할 수 있는 방식이 아니라 '사람이 쓰고, 보고, 듣고, 말하는' 방식 그대로 기계 및 디지털 세상과 상호작용하는 길을 제시하고 있다.

컴퓨터/디지털 세상과 사용자 간 상호작용 방식의 변화

구분	CLI	GUI	인터넷	모바일	음성 인식 기반 비서	AI 기반 멀티 모달
인터페이스	명령어 프롬프트	마우스	웹 브라우저	앱	스마트폰	자연어 프롬프트
상호작용 수단	키보드	키보드/마우스	키보드/마우스	터치	음성	텍스트, 동영상, 이미지, 음성 등
시기	1960 ~ 1970년	1970 ~ 1980년	1990년 ~	2000년 ~	2010년 ~	2023년 ~

멀티 모달 관련 예를 하나 알아보자. '비 마이 아이즈(Be My Eyes)'는 시각장애인과 저시력자를 시각장애인 자원봉사자 및 회사 담당자와 연결하여 실시간 화상 통화를 통해 그들이 시각적 도움을 받을 수 있게 하는 앱(무료)이다. 최근 비 마이 아이즈 앱은 GPT-4 모델을 기반으로 한 ChatGPT를 활용해 시각장애인 및 저시력 사용자가 스마트폰 카메라로 세상을 볼 수 있는 새로운 방법을 제시하고 있다. 예를 들어 사용자가 제품의 라벨을 읽고자 하면

ChatGPT가 라벨을 소리 내어 읽어 준다. 사용자가 길을 찾으려고 하는 경우에도 ChatGPT가 사용자의 스마트폰 카메라에 비추어진 거리를 묘사해 목적지에 도착할 때까지 도움을 준다.

멀티 모달을 서비스에 적용한 예(출처: Digital X1)

생성형 AI 기반 챗봇이 바꿀 미래

초거대 언어 모델 및 자연어 처리 기술 기반 인터페이스가 바꿀 사용자 경험의 미래를 알아보자. ChatGPT는 사람과 디지털 세상의 소통 방식을 재정의하고 있다. 과거 PC 시대에 마우스가 GUI라는 새로운 방식을 제시한 것처럼 생성형 AI 기반 챗봇 또한 큰 변화를 예고하고 있다. ChatGPT 같은 생성형 AI 기반 챗봇은 사용자가 스마트폰을 비롯한 다양한 모바일 장치와 상호작용하는 방식을 바꿀 수 있다. 주로 터치 및 간단한 음성 명령을 통한 이용 방식은 그보다 더 자연스럽고 직관적인 인터페이스인 '대화'로 바뀌어 갈 것이다. 이에 따라 사용자는 더 이상 메뉴와 버튼을 탐색할 필요 없이 간단한 대화를 통해 장치에서 원하는 작업을 수행하거나 정보에 접근할 수 있게 될 전망이다.

또한 생성형 AI 기술을 활용하면 멀티 모달 인터페이스를 손쉽게 구현할 수 있다. 텍스트, 음성, 이미지, 동영상 등 다양한 방식으로 슈퍼앱이나 장치와 상호작용할 수 있는 멀티 모달 인터페이스의 편의를 누리면서 사용자는 다음과 같은 경험을 할 수 있다.

개인화

생성형 AI 기반 챗봇은 사용자와 더욱 개인화된 방식으로 소통한다. 과거의 상호작용을 통해 학습하고 개별 사용자에 맞게 응답을 조정할 수 있다. 이를 통해 더욱더 개인화된 커뮤니케이션이 가능하여 사용자 참여도와 만족도를 높일 수 있다. 또 이러한 챗봇은 사용자의 선호도나 과거 행동을 기반으로 추천을 할 수 있어 사용자 각각의 고유한 요구와 선호도를 충족하는 '고도로 개인화된 서비스'를 제공할 수 있다.

자동화

생성형 AI 기반 챗봇은 자주 묻는 질문에 대한 답변부터 주문, 예약 처리까지 다양한 작업을 사람의 개입 없이 훨씬 더 효율적으로 완료할 수 있다. 챗봇은 연중무휴 24시간 운영되므로 사용자는 필요할 때라면 언제든지 챗봇의 도움을 받을 수 있다. 또한 챗봇은 인간 상담원이 할 수 없는 여러 작업을 동시에 처리할 수 있다.

옴니채널

생성형 AI 기반 챗봇은 웹 사이트, 소셜 미디어 플랫폼, 메시징 앱 등 다양한 커뮤니케이션 채널에 통합되어 여러 플랫폼에 걸쳐 사용자에게 원활한 경험을 제공할 수 있다. 이러한 옴니채널(Omni-Channel) 접근 방식은 사용자가 선호하는 채널에서 챗봇과 상호작용할 수 있어 커뮤니케이션의 접근성과 편의성이 향상된다는 것을 의미한다. 또한 사용자가 한 채널에서 다른 채널로 전환할 때 챗봇이 대화의 맥락을 유지할 수 있다.

감성 분석

생성형 AI 기반 챗봇은 사용자의 반응을 실시간으로 분석하여 사용자의 감정과 정서를 이해할 수 있다. 이를 통해 챗봇은 사용자의 감정 상태에 맞게 응답을 맞춤화하여 상호작용을 개선할 수 있다. 또한 생성형 AI 기반 챗봇은 사용자 감정에 대한 통찰력을 기업에 제공한다. 기업은 이를 참조해 사용자의 요구, 선호도, 만족도 등을 파악하여 고객에 대한 이해도를 높일 수 있다.

사용자 경험이 생성형 AI 챗봇으로 수렴되고 있는 사례는 나날이 늘고 있다. 몇 가지 예를 들어 보자면 H&M, 로레알 같은 기업은 ChatGPT를 이용해 개인 취향과 선호에 맞는 개인화 서비스를 제공하고 있다. HSBC, 네슬레 등의 기업은 오픈AI와 손잡고 업무 자동화를 수행했으며 이케아, 제니바 같은 기업은 ChatGPT를 이용해 옴니채널 통합을 했다. 또한 에어 캐나다, 맥도날드는 ChatGPT로 소비자 감성 분석을 수행하고 있다.

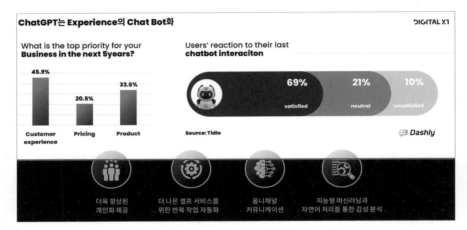

생성형 AI 기반 챗봇이 바꿀 사용자 경험의 미래(출처: Digital X1)

AI 대중화 시대

이제는 기업이 새로운 소통 방식을 고객이나 직원에게 제공하는 것이 예전만큼 어렵지는 않다. 생성형 AI 서비스 활용 사례에서 볼 수 있듯 대화형 AI 기반 서비스를 연계하는 것은 기술 장벽이 낮다. 전담 조직과 AI 인프라가 없는 조직은 오픈AI나 구글 클라우드가 제공하는 API나 도구를 활용하면 된다. 만약 팀, 예산, 역량이 모두 있다면 엔비디아가 제공하는 니모(NeMo) 같이 사전 훈련된 GPT 모델 및 자연어 처리 AI 기술이 접목된 기업용 솔루션을 이용해 구현할 수도 있다.

생성형 AI 기반 대화형 챗봇을 자사 모바일 앱의 주요 기능으로 탑재하는 것은 업종과 분야를 떠나 보편적인 현상이 될 전망이다. ChatGPT 수준의 대화형 서비스를 제공하려는 이유는 고객 충성도를 높이기 위해서다. ChatGPT 같이 다재다능한 서비스를 제공하면 사용자는 더욱 편리하게 슈퍼앱이 제공하는 다양한 기능과 서비스를 이용할 수 있다. 또한 ChatGPT 같은 서비스는 매우 세밀한 부분까지 서비스를 개인화할 수 있는 기회를 제공한다. 챗봇이나 음성 어시스턴트는 자연어 처리 기능을 통해 자연스러운 대화를 유도하고 오랜 대화 속에서 정보를 쌓아 간다. 이렇게 축적한 지식은 사용자 취향과 선호를 파악하는 데 활용된다. 이런 선순환 구조가 갖추어지면 슈퍼앱은 사용자 선호도와 행동에 대한 이해를 바탕으로 맞춤형 추천과 콘텐츠를 제공하여 사용자 참여도와 만족도를 높일 수 있다. 더불어 잠재되어 있는 사용자의 욕구까지 파악할 수 있어 슈퍼앱에 추가할 새로운 기능이나 서비스 개발에 탄력이 붙을 수 있다. 이런 구조 속에서 슈퍼앱은 시장 지배력을 높이며 성장하게 된다.

슈퍼앱을 더욱 강력하게 만드는 생성형 AI

생성형 AI 기반 대화 기능이 슈퍼앱과 사용자 간 주요 소통 수단이 된다는 것은 곧 더 많은 데이터를 확보할 수 있는 기회가 생긴다는 것을 뜻한다. 모바일 앱과 사용자가 주요 상호작용 수단으로 '터치'를 쓰는 것과 '대화'를 이용하는 것은 차이가 매우 크다. 터치 기반 상호작용은 사용자의 감정까지 읽을 수 없다. 어떤 기능을 사용하는지, 어떤 메뉴를 터치하는지를 알 수 있을 뿐이다. 반면에 대화 속에는 각 사용자 고유한 관점이나 아이디어, 감정이 담긴다. 이런 수준의 정보는 지금까지 추정이나 예측의 영역에 있던 것인데, 생성형 AI 기반 대화형 서비스는 이를 실제 수집 가능한 데이터로 만든다.

또한 터치 기반 상호작용은 필요에 따라 일시적으로 일어나는 반면 대화는 몇 번이고 계속 이어지는 식으로 이루어진다. 따라서 단순한 상호작용이 아니라 지속적인 대화를 통한 관계 강화가 가능하다.

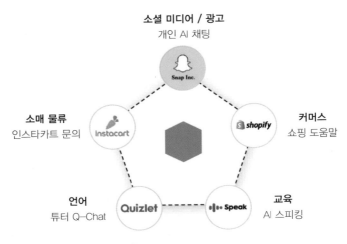

다양한 산업에서 오픈AI 연계(출처: Digital X1)

자연스러운 대화를 통해 상호작용할 수 있는 ChatGPT 같은 생성형 AI 기술은 슈퍼앱 업계의 딜레마인 '너무 많은 서비스'로 인한 복잡성 문제를 멀티모달 인터페이스를 통해 해결할 열쇠다. 슈퍼앱 업계는 슈퍼앱에 포함된 수많은 미니앱으로 인한 사용자 불편을 해소하기 위해 끊임없이 노력하고 있다. 다음은 업계가 주목하는 문제 해결책이다.

검색

슈퍼앱은 사용자가 필요한 기능이나 미니앱을 더 쉽고 빠르게 찾을 수 있도록 고급 검색 및 발견 도구 제공을 강화해 왔다. 이와 관련해 주요 슈퍼앱은 사용자 인터페이스를 단순화하고 사용자가 여러 미니앱 사이를 더 쉽게 탐색할 수 있도록 한다. 이런 이유로 업계에서는 향후 ChatGPT 같은 서비스가 검색에 대한 사용자 경험을 크게 개선할 것으로 예상하고 있다.

개인화

슈퍼앱은 데이터 분석과 머신러닝 알고리즘을 사용하여 맞춤형 추천을 한다. 이를 통해 사용자는 자신과 관련된 유용한 기능이나 미니앱을 찾을 수 있으며, 앱 검색에 소요되는 시간을 줄일 수 있다. 이 역시 생성형 AI 기능이 요긴하게 작용할 부분이다. 대화를 통해 필요 기능이나 콘텐츠를 추천받을 수 있는 사용자 경험을 창출할 수 있다.

통합 및 자동화

슈퍼앱은 여러 기능 또는 미니앱을 통합하여 사용자가 개별 앱을 일일이 열지 않고도 필요한 서비스를 이용할 수 있도록 노력하고 있다. 이를 통해 사용자가 설치 및 관리해야 하는 앱의 수를 줄이며 전반적인 경험을 더욱 간소화하고 편리하게 만들수 있다. 생성형 AI 기술은 슈퍼앱에 포함된 여러 미니앱을 연계하여 사용자 요구에 맞춰 통합된 방식으로 서비스를 제공하는 데에도 활용될 전망이다.

생성형 AI의 창의성 부족에 대한 지적에 답을 제시한 AutoGPT

생성형 AI 기술은 완성된 것이 아니다. ChatGPT, Bard를 이용한 이들이 공통적으로 지적하는 것 중 하나는 창의성이 부족하다는 것이다. 생성형 AI 서비스는 텍스트와 코드의 방대한 데이터 세트를 기반으로 학습되었다. 따라서 완전히 새롭고 독창적인 것을 생각해 내기보다는 이전에 보았던 정보를 되풀이할 가능성이 높다. 이런 한계를 극복하기 위해 여러 시도가 이루어지고 있으며 그중 대표적인 예가 AutoGPT다.

AutoGPT는 최신 언어 모델을 사용하여 인간 수준의 지능으로 작업을 자동화하고 수행하는 오픈 소스 기반 파이썬(Python) 프로그램이다. AutoGPT는 ChatGPT와 상호작용하면서 자체적으로 프롬프트를 생성하고 결합된 작업을 통해 사용자의 질문에 창의적인 답을 제공한다. 사용자의 질문에 답하기 위해 스스로 추론을 수행하고, 더 창의적인 답변을 하기 위해 질문에 대한 정보를 찾는 식으로 프롬프트 입력을 반복하면서 사용자가 원하는 답을 찾는 과정을 단축하는 것이다.

AutoGPT의 프롬프트 자동화 콘셉트는 슈퍼앱 기업이 생성형 AI 기술을 내재화하는 데 있어 중요한 방향을 제시했다고 볼 수 있다. 슈퍼앱 제공 기업 측면에서 보면 AutoGPT 콘셉트의 프롬프트 자동화를 구현하면 더 빠르고 창의적으로 사용자의 질문에 응답할 수 있다. 자동화를 적용하면 인력을 늘리지 않고도 더 많은 작업을 처리할 수 있어 수천 개의 질의를 처리하거나 대량의 텍스트를 생성해야 하는 고객 서비스 또는 콘텐츠 제작과 같은 작업에 유용하다. 이 외에도 자동화된 프롬프트는 사용자의 행동, 선호도 또는 기록에 따라 개별 사용자에 맞게 조정할 수 있다.

슈퍼앱
탄생 배경과 역사

DIGITAL X1

슈퍼앱과 ChatGPT, Bard 같은 생성형 AI 기술이 디지털 상품 생산과 소비의 주요 축이 되어 가고 있음을 알아보기에 앞서 슈퍼앱의 탄생 배경과 역사를 짚어 보자. 슈퍼앱 시장은 아시아 시장에서 꽃피우고 있다. 한때 일각에서는 그러한 아시아를 제외한 북미, 유럽과 같은 선진국 시장에서 슈퍼앱이 성공하기 어려울 것이라는 전망이 지배적이었다. 그 이유로는 소비자 선호 차이, 치열한 경쟁 환경, 높은 규제의 문턱을 꼽을 수 있다. 소비자 선호의 경우 선진 시장의 소비자는 다양한 목적으로 여러 앱을 사용하는 경향이 있다는 분석이 많았다. 그리고 선진 시장은 이미 각 분야를 선점한 기업이 자리를 잡고 있어 슈퍼앱 같은 통합 사업자가 참여할 틈이 없다는 의견도 많았다. 규제의 경우 개인 정보 관련 규제 수위가 높아 슈퍼앱 성장을 위해 풀어야 할 과제가 많다고 보는 이들도 적지 않았다.

그러던 것이 2022년 이후로 분위기가 바뀌고 있다. 메신저, 금융, 여행, 쇼핑, OTT, 음악 등 각 영역을 선점한 자이언트 슈퍼앱은 시장을 넓히는 데 주력하고 있고 전통적인 빅테크 기업도 시장 참여 시점을 놓고 저울질하고 있다.

슈퍼앱 패권 전쟁의 서막

실제로 마이크로소프트, 메타(페이스북), 아마존, 넷플릭스 같은 빅테크 기업은 슈퍼앱 시대에도 영향력을 이어 가기 위한 전략을 준비 중이다. 미국에 본사를 둔 주요 빅테크 기업들이 슈퍼앱에 관심을 갖는 주된 이유는 애플과 구글이 구축한 스마트폰 및 모바일 앱 생태계에 도전장을 내기 위해서다. 애플과 구글은 모바일 운영체제와 앱 마켓플레이스를 앞세워 인앱 결제와 광고 시장을 선점하고 있다. 이 장벽을 넘어서기 위한 전략으로 미국의 주요 빅테크 기업들은 슈퍼앱에 관심을 두고 있고, 그들의 벤치마크 대상은 위챗, 알리페이, 그랩, 고젝, 잘로 등 아시아 지역에서 성공한 슈퍼앱이다.

마이크로소프트

더 인포메이션(The Information)의 보고서에 따르면 마이크로소프트는 검색, 쇼핑, 메시징, 뉴스 등의 서비스를 단일 앱으로 제공하는 슈퍼앱 개발을 고려 중이다. 관련해 보고서는 마이크로소프트가 구글과 애플의 앱 마켓플레이스와 검색 및 광고 시장 지배력에 도전하려는 것이라고 해석하고 있다.

메타

메타는 왓츠앱을 통해 슈퍼앱 전략을 구체화하고 있다. 특히 중국 위챗을 모델 삼아 왓츠앱을 사용자들이 더 많은 일을 쉽게 처리할 수 있도록 돕는 슈퍼앱으로 만들고 있다. 2022년을 시작으로 메타는 왓츠앱을 중심으로 한 슈퍼앱 생태계 기반을 구축하고 있다.

메타는 2022년 비즈니스 메시지 컨퍼런스에서 왓츠앱 비즈니스 플랫폼 API 제공을 발표했다. 간편 결제, 쇼핑 등 다양한 서비스 사업자가 클라우드를 통해 자사 서비스와 왓츠앱을 손쉽게 연동할 수 있는 길을 제시한 것이다. 일례로 메타는 인도의 지오마트(JioMart)와 협력해 왓츠앱 내에서 지오마트 카탈로그를 검색하고 제품을 구매하고 결제까지 완료할 수 있는 새로운 경험을 제시했다.

이 외에도 메타는 통합된 사용자 경험 제공을 위해 페이스북, 인스타그램, 왓츠앱 간에 메시지를 주고받을 수 있는 기능을 구현했다. 또한 결제와 전자상거래 기능도 통합했으며 향후 게임, 엔터테인먼트, 생산성, 가상 현실 기능도 추가할 전망이다.

아마존

아마존 역시 자사의 여러 서비스에 대한 통합된 사용자 경험 제공을 위해 슈퍼앱 전략을 추진 중이다. 아마존은 전자상거래, 엔터테인먼트, 식품 배달 등 다양한 서비스를 제공한다. 아마존의 슈퍼앱 전략은 인도에서 실험 중이다. 아마존 인디아 앱은 아마존이 제공하는 다양한 서비스를 마치 슈퍼앱 하나로 이용하는 듯한 사용자 경험을 제공한다. 여기에 더해 인도 현지 사용자를 위한 금융 서비스까지 원스톱으로 제공한다.

아마존 인디아 앱

한편, 일론 머스크가 트위터를 인수한 배경에도 슈퍼앱이 자리하고 있다. 머스크가 440억 달러를 들여 트위터를 인수한 것은 X라는 슈퍼앱을 만들기 위한 투자 중 하나다. 주요 언론은 머스크가 텐센트 위챗에서 영감을 얻어 모든 것을 제공하는 슈퍼앱인 X의 아이디어를 구체화하고 있다고 보도하고 있다. 참고로 머스크는 2017년 X.com 도메인을 구매했고, 트위터 인수를 통해 X 슈퍼앱 준비를 3~5년 가까이 앞당길 것이라고 밝히기도 했다.

간편 결제 시스템을 기반으로 아시아에서 시작된 슈퍼앱 생태계

슈퍼앱이 빠르게 성장한 시장은 아시아 지역이다. 그 이유는 인구, 산업 성숙도, 금융 선호도, 규제 측면에서 살펴볼 수 있다. 우선 아시아 인구는 2022년 기준 47억 2천만 명으로 전 세계 인구의 59.2%이다. 그중 인도, 베트남 등 생산 가능 인구 비중이 높은 국가도 많으며, 이에 따라 MZ세대가 슈퍼앱의 주 소비자층을 이루고 있다.

다음으로 산업 성숙도의 경우 아시아 지역은 금융, 의료, 교통, 소매 등 각 산업의 성숙도가 낮은 경우가 많다. 아시아 지역 국가의 사용자는 오랜 시간이 걸리는 금융 인프라 구축 과정을 건너뛰고 디지털 기술을 기반으로 한 슈퍼앱으로 선진 금융 서비스를 이용하고 있다. 반면에 산업 성숙도가 고르게 높은 북미와 유럽의 경우 아시아 지역처럼 모든 생활 서비스를 제공하는 슈퍼앱이 등장하기 어려울 것이라 보는 시각도 있다.

아시아 지역 슈퍼앱을 보면 금융 관련 소비자 편의가 매우 높다. 아시아 지역은 네이버페이, 카카오페이, 알리페이, 위챗페이 등 간편 결제를 선호한다. 단, 일본은 같은 아시아 지역임에도 신용 카드와 편의점 결제 같은 전통적인 수단을 선호하는 모습을 보인다. 이 외에 금융 인프라가 발전한 북미와 유럽의 경우 신용 카드, 전자지갑, 페이팔 등 계좌 기반 결제 비중이 높다.

한편, 아시아 지역은 상대적으로 금융 규제, 개인 정보 보호 관련 규제 프레임워크가 느슨한 경우가 많다. 이러한 요인으로 인해 아시아에서는 슈퍼앱 생태계가 다양한 산업 영역으로 빠르게 확장하는 데 유리하다.

슈퍼앱은 중동·아프리카 지역에서도 높은 성장 가능성을 인정받고 있는데, 그 이유는 아시아 지역에서 슈퍼앱의 역사가 시작된 것과 크게 다르지 않다. 중동과 아프리카는 인구수가 13억이 넘으며 인구 증가세도 높은 편에 속한다. 이는 슈퍼앱의 잠재적 시장이 매우 크다는 것을 뜻한다. 다음으로 이 지역은 스마트폰과 인터넷 보급률이 높다. 따라서 슈퍼앱 시장이 활성화되는 핵심 전제 조건인 '충분한 사용자 기반'이 갖추어져 있다. 금융, 소매, 물류 등 전통적인 산업 기반이 선진국과 비교해 약한 것도 슈퍼앱이 성장할 수 있는 토양이 될 수 있다. 규제도 느슨한 편이어서 슈퍼앱 사업 확장을 위해 풀어야 할 과제가 선진국처럼 많지도 않다. 이처럼 중동과 아프리카 지역의 슈퍼앱 성장 견인 요인은 아시아 지역과 비슷하다.

WeChat	Alipay	gojek
사용자 수: 12억 4천만	사용자 수: 2억 3천만	사용자 수: 1억 7천만
중국을 대표하는 슈퍼앱 메시징, 소셜 네트워킹, 쇼핑, 결제 등의 서비스 제공	중국에서 널리 사용되는 디지털 지갑 기반 슈퍼앱 온라인부터 시작해 QR 기반의 오프라인 결제까지 일상적으로 사용됨	인도네시아를 대표하는 슈퍼앱 운송, 물류, 식품, 쇼핑, 결제, 뉴스, 엔터테인먼트 등 20개 이상의 서비스 제공
Grab	Careem	Paytm
사용자 수: 1억 8천 7백만	사용자 수: 4천 8백만	사용자 수: 1억 5천만
동남아시아 지역을 거점으로 한 슈퍼앱 배달, 운송, 금융 서비스를 주요 축으로 서비스 확장 중	중동 및 북아프리카 13개 국 사용자가 이용하는 슈퍼앱 운송, 음식, 쇼핑, 배달, 지불, 송금 등 광범위한 서비스 제공	인도를 대표하는 슈퍼앱 공과금 지불, 여행, 영화 및 이벤트 예약, 매장 내 결제나 주차료 지급 등의 간편 결제 서비스 제공

아시아, 중동·아프리카 지역의 대표 슈퍼앱

슈퍼앱 성공 방정식

아시아와 중동·아프리카 지역에서 뿌리를 내린 슈퍼앱은 메신저, 결제, 교통 등 핵심 서비스의 성공을 발판 삼아 서비스를 빠르게 인접 분야로 확대하며 사용자 기반을 늘려가고 있다.

단일 앱에서 시작해 슈퍼앱이 되는 과정에는 공통점이 있다. 처음에는 하나의 주요 기능을 가진 앱에서 시작한다. 그리고 사용자 기반을 확대하면서 결제 같은 금융 서비스와의 통합을 통해 더 편리한 사용자 경험을 제공한다. 이후 자체 개발 또는 외부 파트너와 협력을 통해 기능과 서비스를 확장해 나간다. 이 과정에서 슈퍼앱은 사용자 기반을 넓히는 가운데 많은 데이터를 축적한다. 이 정보를 활용해 사용자가 더 많은 시간을 앱에서 보내게 하고, 서비스를 점점 더 추가하며 충성도를 강화하는 선순환 구조를 만든다.

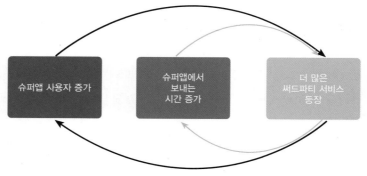

슈퍼앱 전략이 되는 선순환 구조(출처: Medium)

세계적 현상이 되어 가고 있는 슈퍼앱

슈퍼앱이 아시아와 중동·아프리카 지역의 사회, 경제, 문화, 공공 등 여러 영역에서 디지털 전환을 가속하는 것을 목격한 다양한 업계의 기업들은 슈퍼앱 전략 수립에 적극적으로 나서고 있다. 더불어 미국의 빅테크 기업 역시 아시아 지역의 주요 슈퍼앱을 벤치마크하며 시장에 진출하고 있다. 이 외에 공공 부문 역시 슈퍼앱을 통한 서비스 제공에 관심을 보이고 있다. 앞서 살펴본 바와 같이 슈퍼앱은 아시아나 중동·아프리카 지역의 특수성으로 인해 일어난 현상을 넘어 글로벌 규모의 패러다임으로 자리 잡고 있다.

특정 지역을 넘어 세계적으로 슈퍼앱의 성장이 기대되는 이유로 많은 이들이 MZ세대의 선호를 꼽는다. 페이먼츠(PYMNTS)와 페이팔이 전 세계 9천 명 이상의 소비자를 대상으로 수행한 설문 조사 결과를 담은 보고서에 따르면 MZ세대의 라이프스타일은 슈퍼앱을 중심으로 이루어지고 있다. MZ세대는 온라인으로 식음료를 주문하고, 숙박이나 항공 예약을 하고, 차량 공유 같은 공유 서비스를 이용하고, 처방전을 받거나 건강식품을 구매하는 것에 익숙하다.

세대	식료품 쇼핑	운전 관련 작업 완료	픽업 또는 배달을 위해 식당 식사 구매	건강과 관련된 모든 것 추적	소매품 쇼핑	처방약 구매/주문 위해 약사에게 연락	현지 교통수단 과 거래 획득	금융기관 과 거래	엔터테인 먼트를 위해	여행 관련 제품 구매	지역 의료 서비스 제공자 정보 획득	원격 진료에 참여 혹은 온라인 전용 의료 서비스 이용
Z세대	64.3%	77.1%	60.5%	63.7%	47.3%	46.5%	47.4%	46.1%	40.1%	38.1%	37.3%	42.7%
밀레니엄 세대	75.6%	74.4%	70.1%	66.0%	58.2%	55.5%	54.6%	51.6%	47.6%	41.4%	44.5%	46.0%
브릿지 밀레니엄	74.2%	70.5%	67.6%	63.6%	53.5%	53.8%	50.3%	46.9%	43.9%	36.6%	41.1%	41.3%
X세대	74.1%	66.0%	63.5%	51.2%	48.2%	42.7%	40.4%	35.4%	32.3%	30.8%	30.5%	26.5%
베이비 붐 노년	64.8%	40.4%	49.1%	26.6%	37.9%	25.4%	21.4%	15.9%	19.3%	24.8%	17.1%	9.4%

소비자가 가장 많이 참여하는 디지털 활동
지난 30일 동안 특정 디지털 활동에 참여한 소비자의 세대별 비율

주요 세대별 디지털 활동 비교(출처: 페이먼츠, 페이팔)

MZ세대의 선호에 맞추기 위해 북미와 유럽 시장에서도 슈퍼앱의 특성을 띤 앱들이 영향력을 확대하고 있다. 특히 유럽은 핀테크 분야에서 슈퍼앱 경쟁이 일어나고 있다. 은행 API와 소비자 데이터 개방을 의무화한 PSD2 법안 제정 등 유럽은 핀테크 관련 규제 완화에 적극적이다. 참고로 PSD2는 금융 서비스의 개방성과 혁신을 촉진하기 위한 목적으로 2015년 12월 25일 발효된 법안이다. 유럽연합은 기존의 PSD1의 적용 범위를 확대하여 신용 카드, 직불 카드, 계좌 이체, 온라인 결제 등 다양한 지급 서비스를 포괄하고, 금융 서비스 제공자(PSP)의 책임을 강화하며 고객이 다양한 지급 서비스를 이용할 수 있도록 선택권을 넓히는 쪽으로 법안을 개정했다.

유럽은 일찍부터 규제를 완화한 덕분에 핀테크 산업이 잘 발달하고 있는 한편, 전통적인 금융 기업과 핀테크 기업이 슈퍼앱 시장을 놓고 벌이는 경쟁이 치열하다. 이런 이유로 유럽 지역을 대표할 슈퍼앱 후보로 레볼루트(Revolut), 클라르나(Klarna) 같은 핀테크 기업과 커브(Curve), 스탈링(Starling), N26, 몬조(Monzo) 같은 챌린저 뱅크를 꼽는다. 반면에 미국은 애플, 구글, 마이크로소프트, 메타 같은 전통적인 강자들이 슈퍼앱 시장 경쟁에 뛰어들고 있다. 여기에 페이팔, 월마트 같은 플레이어도 경쟁에 참여하고 있다.

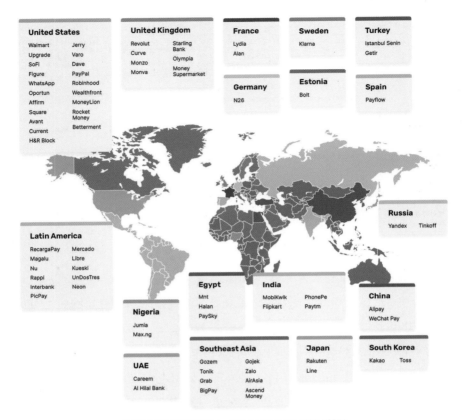

글로벌 슈퍼앱 현황(출처: State of Global Super App 2022, KOBIL)

슈퍼앱이 메가 트렌드가 된 배경

코로나19 기간을 거치면서 사회, 문화, 경제 전반의 디지털 전환이 가속화되었다. '사회적 거리 두기'가 장기화되면서 디지털 서비스 이용은 폭발적으로 늘었다. 이를 기회로 삼아 핀테크, OTT, 배달, 쇼핑 등 다양한 분야의 슈퍼앱이 사업 영역 확장을 꾀하며 사용자의 일상 점유자로서 위치를 공고히 하기 위한 경쟁을 본격화했다. 슈퍼앱 경쟁에는 금융, 통신, 제조 등 다양한 산업계의 기업들도 뛰어들고 있다. 이처럼 많은 기업이 뛰어드는 것은 수익 창출, 비즈니스 확장, 데이터 선점, 관계와 일상 점유 등의 측면에서 이유를 찾을 수 있다.

1) 수익 창출

먼저 수익 창출의 경우 경제 불확실성이 커지면서 신규 고객 획득에 드는 비용(CAC, Customer Acquisition Cost)을 낮추는 가운데 기존 고객을 대상으로 한 교차/상향 판매(Cross/Up Selling) 확대, 구독 서비스를 통한 매출(Recurring Revenue) 수익 창출에 유리한 슈퍼앱에 관심을 두고 있다.

신규 고객 획득에 드는 비용 절감

슈퍼앱은 여러 서비스를 제공한다. 따라서 사용자가 플랫폼에 접속하면 앱을 떠나지 않고도 다른 서비스로 쉽게 이동할 수 있다. 사업자 입장에서 보면 별도의 마케팅 활동이 필요하지 않아 고객 확보 비용을 절감할 수 있다.

기존 고객을 대상으로 한 교차/상향 판매 확대

슈퍼앱은 여러 서비스에 걸쳐 풍부한 사용자 데이터에 접근할 수 있다. 이를 통해 사용자의 행동과 선호도를 종합적으로 파악하여 타겟 마케팅과 개인화된 추천을 제공해 교차 판매 및 상향 판매의 가능성을 높일 수 있다.

구독 서비스를 통한 매출 수익 창출

슈퍼앱은 구독 서비스의 성공 가능성도 높다. 사용자가 이미 여러 서비스를 이용하기 위해 앱을 설치해 쓰고 있기 때문에 프리미엄 기능이나 서비스를 구독할 가능성이 높다.

이 외에도 슈퍼앱은 네트워크 효과를 낸다. 더 많은 사용자를 확보하고 더 많은 서비스를 제공할수록 플랫폼의 가치가 높아져 더 많은 사용자를 유치하고 기존 사용자가 플랫폼의 다른 서비스를 사용해 보도록 유도할 수 있다.

2) 비즈니스 확장

슈퍼앱은 비즈니스 확장 기회도 제공한다. 디지털 경제 시대가 되면서 산업

간 경계가 붕괴되고 있다. 이에 따라 기존 시장은 수성 전략을, 신규 비즈니스 분야는 공성 전략을 취하는 조직이 늘고 있다. 실제로 각 분야별 성공 사례를 보면 슈퍼앱은 주력 비즈니스의 인접 분야로 빠르게 진출할 수 있는 기회임을 알 수 있다.

슈퍼앱이 시장에서 사용자를 빠르게 늘리는 배경에는 데이터가 자리하고 있다. 슈퍼앱은 데이터 선순환 구조를 통해 경쟁력을 강화한다. 사용자가 남기는 데이터의 양이 많을수록 더 나은 사용자 경험을 제공할 수 있다. 슈퍼앱의 이런 특징은 국내 슈퍼앱 중 하나인 배민의 성공 사례에도 잘 나타나 있다. 배민은 사용자 의견을 이용해 콘텐츠를 만들고, 사용자 피드백을 즉각적으로 반영하면서 회사를 키웠다.

3) 데이터 선점

최근 빅테크 기업의 쿠키 수집 전략 변경으로 고객 데이터 소유의 중요성은 더욱 커지고 있다. 쿠키는 사용자가 웹 사이트를 방문할 때 사용자의 컴퓨터에 저장되는 작은 파일이다. 광고주는 쿠키를 사용하여 사용자의 검색 활동을 추적하고 사용자의 관심사와 관련된 광고로 타겟팅한다. 구글과 애플은 광고주가 여러 웹 사이트에서 사용자를 추적하는 것을 더욱 어렵게 만드는 변경 사항을 적용하고 있다. 구글은 크롬에서 타사 쿠키를 단계적으로 폐지하고 있으며, 애플은 광고 추적을 거부할 수 있는 기능을 포함하여 사용자가 개인 정보 설정을 더 잘 제어할 수 있도록 하고 있다. 이러한 변화로 인해 디지털 세상에서 기업이 잠재 고객에게 도달하고, 그들의 취향을 이해하고, 디지털 캠페인의 효과를 측정하는 것이 어려워지고 있다. 이에 따라 앞으로는 자체 보유 정보가 많은 슈퍼앱의 영향력이 더욱 커질 전망이다.

4) 관계와 일상 점유

슈퍼앱의 파괴력은 사용자와의 관계에서 나오는 것이기 때문에 슈퍼앱은 앱을 중심으로 서비스 제공자와 사용자 간의 관계를 지속적으로 확장해 나간다. 주력 서비스 외에 생활 밀착형 편의를 제공하는 인접 분야의 서비스를 미니앱 형태로 하나 둘 추가해 나가면서 하나의 앱에서 더 많은 서비스를 이용할 수 있게 하며 관계를 강화한다. 고객과의 상호작용 속에서 슈퍼앱은 더 많은 정보를 확보하고, 이 자산을 무기로 차별화된 맞춤형 경험을 제공해 고객의 충성도를 높이며 이탈을 막고 신규 유입을 늘리면서 시장에서 영향력을 확장한다. 슈퍼앱을 통해 관계와 일상을 점유한 대표적인 예로 중국의 위챗을 꼽을 수 있다. 중국에서 위챗은 사람들이 아침에 눈을 뜰 때부터 저녁에 잠자리에 들 때까지 이용하는 또 하나의 생활 공간이 되어 가고 있다.

위챗 사용자의 전형적인 하루

5) 디지털 경계 확보

한편, 슈퍼앱이 메가 트렌드가 된 배경에는 디지털 경제 시대로의 전환 중 세금, 규제, 보안 등에 대한 각국 정부의 보이지 않는 신경전도 자리하고 있다. 플랫폼 1.0, 2.0 시대의 패권은 미국 기업에 있었다. 이후 디지털의 영향력이 커지면서 세계 각국 정부는 미국 기업의 독점 문제와 현지 세금 이슈를 중요 안건으로 다루고 있다. 이런 분위기 속에서 등장한 슈퍼앱은 지역과 권역별 디지털 경제의 새로운 경계를 만들어 가고 있다. 세계 각국 정부는 슈퍼앱 관련 규제 완화에 나서고 있는데 그중 한국은 적극적으로 움직이는 국가 중 하나로

'디지털 유니버셜 뱅크 지원책', '마이데이터 사업' 등 규제를 시대 흐름에 맞게 조정하고 있다. 더불어 국가와 개인의 데이터 주권을 통해 나라 간 디지털 경계를 확보해야 한다는 목소리도 높아지고 있다.

플랫폼 진화의 종착역

슈퍼앱은 새로운 비즈니스 플랫폼이 아니다. 통신과 최종 사용자 장치의 발전 단계마다 디지털 기반 비즈니스 플랫폼이 등장한다. 슈퍼앱의 원형은 포털, 검색 엔진, 쇼핑, 뉴스 같은 웹 사이트다. PC 보급 확대와 인터넷의 대중화는 플랫폼 1.0이라 부를 수 있는 대형 웹 사이트 등장의 밑거름이 되었고, 구글, 아마존 같은 기업이 이 시대를 거치며 급성장했다. 플랫폼 1.0 시대의 비즈니스 목표는 사용자 유입과 회원 수, 그리고 웹 사이트 체류 시간을 늘리는 것이었다.

PC의 시대를 지나 모바일 장치와 이동통신이 대중화되면서 플랫폼은 2.0 시대를 향해 발전했다. 이 시대에는 모바일 앱을 중심으로 한 플랫폼과 생태계가 시장을 주도했으며, 애플과 구글이 구축한 앱 생태계는 빠른 속도로 확대되었다. 기업은 물론 소규모 개발 조직, 심지어 개인 개발자까지 앱을 개발해 마켓플레이스에 올릴 수 있다 보니 사용자는 다양한 앱을 이용할 수 있었다. 이 시대는 메시징, 소셜 네트워크, 영상과 음악 스트리밍 서비스, 온라인 게임, 서비스형 소프트웨어(SaaS, Software as a Service) 등 매우 많은 수의 사용자를 대상으로 하는 하이퍼스케일 앱(Hyper-scale App)이 시장을 주도했다. 하이퍼스케일 앱은 클라우드 기반 분산 아키텍처를 기반으로 수천, 수억 명 이상의 사용자에게 안정적인 서비스를 제공한다. 플랫폼 2.0 시대의 비즈니스 목표는 이전과 별반 다르지 않았다. 앱 다운로드 수와 이용 시간을 늘리는 것이 주요 성과 측정 지표였다.

그러던 중 스마트폰의 성능이 빠른 속도로 높아지고 이동통신의 세대 전환이 이루어지면서 '슈퍼앱'이 새로운 플랫폼의 유형으로 등장한다. 플랫폼 2.0 시대에 수많은 앱이 등장했고 사용자들은 다양한 앱을 설치했지만 사용자가 실제로 이용하는 앱의 수는 몇 개 되지 않는다. 다양한 모바일 앱 통계를 보면 상위 10개 앱에서 슈퍼앱의 이름을 찾기 어렵지 않다. 슈퍼앱 시대의 비즈니스 목표는 사용자 참여(Engagement)다. 플랫폼 3.0 시대는 일별, 월별 활동 사용자 수를 늘리고 사용자가 자주 앱을 열어 오랜 기간 이용할 수 있도록 하여 사용자의 일상을 점유하는 것을 목표로 삼는다.

메시징, 금융, 공유 서비스 등 각 영역의 슈퍼앱들이 산업 간 경계 허물기에 본격적으로 나서면서 경쟁이 치열해지고 있다. 기존 사용자를 유지하는 가운데 신규 이용자 유입을 확대하기 위해 슈퍼앱들은 AI, 메타버스, 웹3 같은 첨단 기술로 차별화를 꾀하고 있다. 차별화의 목표는 사용자 경험 개선이며, 이를 위해 현재 가장 적극적으로 도입 및 활용하는 기술은 AI이다. 초거대 모델을 기반으로 한 생성형 AI 서비스가 빠르게 대중화되면서 슈퍼앱들은 이를 활용한 개인화, 자동화, 지능화에 박차를 가하고 있다. 이 세 요소는 사용자 요구와 선호에 민감하고 신속하게 대응할 수 있는 역량을 슈퍼앱에 제공한다.

플랫폼의 세대별 특징

	플랫폼 1.0	플랫폼 2.0	플랫폼 3.0
사용자 장치	PC	모바일 장치	모바일 & AR/VR 장치
통신 수단	인터넷	모바일	모바일
서비스 유형	웹 사이트 (포털, 검색, 쇼핑 등)	앱 (OTT, SNS, 쇼핑 등)	디지털 네이티브 제품인 슈퍼앱을 통해 다양한 서비스를 하나의 앱으로 제공
비즈니스 목표	사용자 유입 및 회원 증대	앱 다운로드 및 활성 사용자 수 증대	사용자와 관계 유지 및 확대를 바탕으로 옴니채널(오프라인/온라인) 일상 점유 확대
생태계 유형	빅테크 기업의 플랫폼 중심 생태계	빅테크 플랫폼 & 모바일 플랫폼 기업 중심 생태계	업종 간 경계 구분 없는 슈퍼앱 중심 생태계

수익 모델의 진화

웹 사이트, 모바일 앱, 슈퍼앱은 단순한 기술의 진화가 아니다. 진화 과정에서 실제로 비즈니스 모델, 특히 수익 창출 방식에 큰 변화가 이루어지고 있다. 플랫폼의 세대를 아우르는 수익 모델로는 광고와 상품 및 서비스 판매를 꼽을 수 있다. 그렇다면 각각의 고유한 수익 모델은 무엇이 있을까?

1) 웹 사이트 수익 모델

인터넷 혁명 당시 구글, 아마존, 이베이 같은 기업들은 웹 사이트를 통해 수익을 창출하고 성과를 관리했다. 1990년대 후반 ~ 2000년대 초반 웹 사이트가 유일한 채널이던 시절, 기업은 상품이나 서비스 판매를 주요 수익으로 삼았다. 회원 수와 트래픽을 늘리면 광고라는 부가 수익 창출도 가능했다. 여기에 유료 구독자를 대상으로 수익을 올리는 비즈니스 모델도 있었다.

2) 모바일 앱 수익 모델

모바일 앱도 큰 틀에서는 수익 모델이 비슷하며 새로운 방식으로는 인앱 구매와 프리미엄 앱이 등장했다. 인앱 구매는 사용자가 콘텐츠, 기능, 서비스 등을 모바일 앱 내에서 구매하는 방식이다. 사용자 기반이 넓은 앱의 경우 인앱 구매로 인한 수익 창출 규모가 매우 크며 이로 인해 앱 마켓플레이스를 제공하는 구글, 애플과 갈등을 빚기도 한다. 그리고 프리미엄 앱은 앱 자체를 유료로 판매해 매출을 올린다. 무료 앱의 경우 유료 구독 서비스를 통해 무료 사용자와 차별화된 서비스를 제공하기도 한다.

3) 슈퍼앱 수익 모델

슈퍼앱은 이전 세대와 비교할 때 수익 모델이 더 다양하다. 슈퍼앱은 수수료, 데이터 수집, 금융 서비스 등 새로운 방식으로 수익을 창출한다.

수수료

수수료의 경우 슈퍼앱은 모든 기능을 직접 개발하기도 하지만 여러 제휴 업체와 협력해 서비스 포트폴리오를 확대하기도 한다. 후자의 경우 슈퍼앱은 일종의 플랫폼 역할을 하며 제휴 업체의 서비스가 올리는 수익의 일부를 수수료 방식으로 받을 수 있다.

데이터 수집

데이터는 슈퍼앱 기업에게 있어 독립적인 상품이 되어 가고 있다. 슈퍼앱은 사용자 정보를 빨아들이고 있다. 사용자의 디지털 일상에 대한 폭넓은 데이터 수집을 통해 사용자 경험을 개선하는 가운데 데이터 분석 또는 데이터 자체를 다른 기업에 판매하기도 한다.

금융 서비스

슈퍼앱의 수익 모델 중 패권 경쟁이 가장 치열한 부분이 바로 금융 서비스다. 슈퍼앱은 분야를 떠나 간편 결제 기능을 핵심으로 내세우고 있다. 메신저에 뿌리를 둔 슈퍼앱부터 배달, 공유, 심지어 최근에는 자동차 기업까지 간편 결제 기능을 갖춘 슈퍼앱 경쟁에 참여하고 있다.

결제 기능과 함께 일부 슈퍼앱은 전자지갑까지 통합하여 사용자가 디지털 자산을 하나의 앱으로 관리할 수 있는 길을 열고 있다. 위챗은 중국에서 가장 널리 사용되는 결제 수단 중 하나인 위챗페이와 함께 디지털 자산 관리를 위한 위챗 지갑을 제공한다. 알리페이 역시 중국에서 널리 쓰이는 결제 기능과 함께 전자지갑을 서비스하고 있다. 카카오페이는 카카오페이라는 결제 수단과 함께 카카오페이 지갑을 통해 디지털 자산 관리 서비스를 제공한다. 일본에서 인기를 끌고 있는 라인페이 역시 결제 기능과 함께 전자지갑 기능을 탑재하고 있다. 결제 기능을 지원하는 슈퍼앱의 전자지갑 서비스는 앞으로 더욱 늘어날 것이다.

슈퍼앱과 전자지갑의 관계(출처: PAYPERS)

슈퍼앱 비즈니스 모델

슈퍼앱의 개념을 처음 제시한 이는 블랙베리 창업자인 마이크 라자리디스 (Mike Lazaridis)이다. 그는 2010년 열린 월드 모바일 콩그레스에서 "매끄럽고 통합되고 상황에 맞는 효율적인 경험으로 인해 사람들이 매일 사용하는 많은 앱의 폐쇄된 생태계"라고 설명하며 슈퍼앱이란 용어를 처음으로 사용했다. 2023년 현재 슈퍼앱의 비즈니스 모델은 마이크 라자리디스가 언급한 B2C 모델을 넘어서고 있다. 슈퍼앱의 비즈니스 모델은 B2C, B2B2C, B2E, B2B로 구분할 수 있으며, 최근에는 B2E와 B2B 슈퍼앱 이용 기업이 점차 늘어가는 추세다.

1) B2C와 B2B2C

B2C(Business-to-Customer)는 최종 사용자를 위한 슈퍼앱이다. 주로 디지털 서비스를 제공하는 사업의 경우 최종 사용자 앱만 제공한다. 이와 반대로 온라인/오프라인 연계 서비스를 제공하는 경우 B2B2C(Business-to-

Business-to-Customer) 모델을 따른다. 이는 최종 사용자와 파트너를 위한 슈퍼앱이다. 온라인과 오프라인, 그리고 사용자와 상품 공급자를 중계하는 비즈니스 모델의 경우 사용자를 위한 앱, 파트너를 위한 앱, 상품 제공자를 위한 앱을 모두 제공한다. 그 예로 배달의민족은 사용자에게는 '배민', 라이더에게는 '배민 라이더스', 식당 주인에게는 '배민 사장님' 앱을 제공한다.

2) B2E

B2E(Business-to-Employee) 슈퍼앱은 기업 운영 및 조직원의 업무 생산성을 개선하기 위한 용도로 개발해 배포한다. 가까운 예로 마이크로소프트 팀즈를 꼽을 수 있다. 마이크로소프트 팀즈 앱을 이용해 조직원들은 단일 플랫폼으로 소통하면서 마이크로소프트 365 도구를 이용한 협업을 한다. 또 다른 사례로는 월마트가 개발한 Me@Walmart 앱이 있다. 월마트 직원들은 이 앱을 이용해 근태 관리, 작업 일정 관리, 휴가 신청, 교대 근무 변경 등을 할 수 있다. 이 외에도 보험 설계사나 각종 렌탈 기기를 관리하는 매니저에게 제공하는 모바일 앱도 B2E 슈퍼앱으로 분류할 수 있다.

Me@Walmart

3) B2B

B2B(Business-to-Business) 슈퍼앱은 비즈니스 파트너 관계에 있는 다른 기업과의 업무를 위한 디지털 플랫폼으로 영업, 물류, 금융, 구매, 마케팅

등의 기능을 제공한다. B2B 슈퍼앱은 디지털 플랫폼을 직접 구축해 파트너에게 앱을 제공하거나 SaaS를 기반으로 한 앱을 배포하는 방식으로 이용할 수 있다. 몇 가지 예로 알리바바, 아마존, SAP 아리바 등을 들 수 있다.

- **알리바바:** 온라인 마켓플레이스, 물류, 금융 관련 B2B 서비스를 앱 형태로 제공한다.
- **아마존:** 구매, 지불, 분석 관련 B2B 서비스 앱을 이용한다.
- **SAP 아리바:** 기업과 파트너는 SAP 아리바를 통해 구매 관련 업무를 처리할 수 있다.

한편, B2B 슈퍼앱은 다양한 산업에서 차별화된 고객 서비스 제공 수단으로 활용되고 있다. 제조 분야의 활용 사례를 보자면 지멘스, 캐터필러, 3M, GE를 예로 들 수 있다. 이 기업들은 애플과 구글의 앱 마켓플레이스를 통해 앱을 제공한다.

- **지멘스:** '지멘스 산업 온라인 지원(Siemens Industry Online Support)' 앱을 통해 자사 제품 관련 지원 서비스를 한다. 지멘스 제품을 이용하는 고객은 이 앱을 통해 기술 문서에 접근하거나 전문가에게 문의를 할 수 있다.
- **캐터필러:** '캣앱(Cat App)' 앱을 통해 제품 정보, 문서, 기술 지원 등을 제공한다.
- **3M:** '3M 산업 솔루션(3M Industrial Solutions)' 앱을 통해 제품 정보, 문서, 기술 지원 등을 제공한다.
- **GE:** 좀 더 슈퍼앱에 가까운 서비스를 제공한다. 'GE 디지털(GE Digital)' 앱을 설치하면 AI를 활용한 예측 기반 유지보수, 자산 관리, 각종 분석 등의 서비스를 이용할 수 있다.

슈퍼앱의 유형

슈퍼앱 유형은 크게 단일 앱, 인앱, 멀티 앱으로 구분할 수 있다. 세 유형의 차이는 서비스 제공 방식, 사용자 경험 측면에서 살펴볼 수 있다.

1) 단일 앱 기반 슈퍼앱

단일 앱(Single-App) 기반 슈퍼앱은 여러 서비스를 하나의 앱에서 제공한다. 위챗 같은 슈퍼앱이 대표적인 예다. 사용자는 하나의 앱을 설치하고 해당 앱이 제공하는 다양한 서비스를 이용할 수 있다.

2) 인앱 기반 슈퍼앱

인앱(In-App) 기반 슈퍼앱은 하나의 앱 내에서 다른 앱의 기능을 실행하는 형태다. 페이스북 앱을 예로 들 수 있다. 사용자는 페이스북 내에서 인스타그램, 왓챠 같은 다른 앱의 기능을 실행할 수 있다. 사용자가 하나의 앱을 설치하는 것은 똑같지만 해당 앱 내에서 다른 앱을 실행하는 방식이 다르다.

3) 멀티 앱 기반 슈퍼앱

멀티 앱(Multi App)은 여러 개의 앱을 하나의 플랫폼에서 제공하는 방식이다. 이 유형은 애그리게이터(Aggregator)라고 부르기도 한다. 멀티 앱 기반 슈퍼앱은 다양한 기업의 제품이나 서비스를 단일 앱 또는 마켓플레이스를 통해 제공하는 유형이다. 다양한 서비스를 한데 모아 제공하여 사용자 편의성을 높이는 것이 운영 목표다. 예로는 중국 알리바바의 알리페이나 영국의 커브(Curve) 등이 있다.

- **알리페이:** 여러 서비스 제공자의 결제 기능을 하나의 앱 환경에서 제공한다.
- **커브:** 사용자가 하나의 카드로 여러 개의 카드를 대체할 수 있는 모바일 금융 서

비스를 제공하는 슈퍼앱이다. 커브에 각종 신용 카드나 직불 카드를 등록해 놓으면 사용자는 이들을 소지하지 않고 원하는 수단으로 결제를 할 수 있다. 커브는 카드 결제 외에 한도 관리, 해외 거래 수수료 할인 등의 부가 서비스를 제공한다.

알리페이나 커브 같은 애그리게이터 슈퍼앱은 여러 기업이나 브랜드에서 제공하는 서비스를 단일 앱으로 이용할 수 있는 편의성을 제공하는 덕분에 대량의 데이터와 통계 정보 수집에 유리하다.

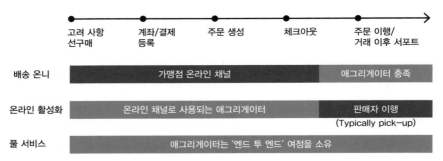

온라인 구매 경험 측면에서 본 애그리게이터 슈퍼앱 운영 모델(출처: 올리버 와이만)

통합된 경험으로 나아가는 슈퍼앱

슈퍼앱은 통합, 실행, 연결, 확장을 단일 앱에서 쉽고 빠르게 할 수 있는 방향으로 발전한다. 슈퍼앱은 다양한 기능을 한 앱에 통합해 제공하여 사용자가 여러 앱을 오가지 않고 앱 하나로 금융, 교통, 쇼핑 등의 서비스를 이용할 수 있는 통합의 경험을 제공한다. 이런 경험을 제공하기 위해 사용자 기반이 넓고 인기가 많은 단일 기능에서 시작해 결제 등 다른 서비스로 통합의 범위를 확대한다. 또한 통합 대상을 넓히면서 슈퍼앱은 사용자가 앱 내부에서 다양한 작업을 할 수 있도록 여러 기능을 강화한다.

사용 빈도가 높은 중요 서비스 통합과 기능 확대를 하는 가운데 슈퍼앱은 외연의 확장을 꾀한다. 슈퍼앱이 연결하는 다양한 앱과 서비스의 범위는 온라인에 국한되지 않는다. 슈퍼앱은 온라인과 오프라인의 경계가 없는 서비스를 제공한다. 앱으로 거래를 하고 오프라인에서 만나 상품을 받거나, 앱으로 주문한 음식을 배달 업체가 문 앞까지 배송하는 등 온·오프라인을 넘나드는 사용자 경험을 제공하는 쪽으로 연결이 확대된다.

통합, 실행, 연결, 확장 과정을 거치면서 슈퍼앱은 더 많은 사용자 데이터를 수집한다. 그리고 이를 바탕으로 더 정교한 개인화 서비스 및 사용자의 잠재적 수요를 끌어내는 새로운 서비스를 제공하는 등 선순환 고리를 만들어 기존 사용자를 유지하고 충성도를 높인다.

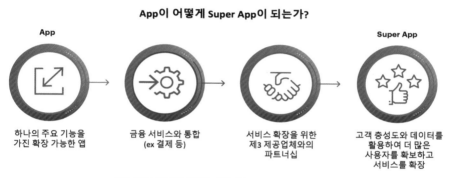

App이 어떻게 Super App이 되는가?

App → → → Super App

| 하나의 주요 기능을 가진 확장 가능한 앱 | 금융 서비스와 통합 (ex 결제 등) | 서비스 확장을 위한 제3 제공업체와의 파트너십 | 고객 충성도와 데이터를 활용하여 더 많은 사용자를 확보하고 서비스를 확장 |

일반 앱이 슈퍼앱으로 진화하는 과정(출처: beacon venture capital)

슈퍼앱의 핵심 기능

통합, 실행, 연결, 확장을 통해 발전하는 주요 슈퍼앱을 보면 한 가지 공통점을 찾을 수 있다. 메시징, 모빌리티, 이커머스, 결제 같은 특정 서비스에서 시작해 점차 슈퍼앱으로 진화하고 있다는 것이다.

메시징에 뿌리를 둔 슈퍼앱으로 위챗, 라인, 카카오 등이 있다. 모빌리티에서 시작한 슈퍼앱으로는 그랩과 고젝이 있고, 커머스의 경우 JD닷컴, 라자다 등을 예로 들 수 있다. 결제의 경우 알리페이와 페이티엠을 주요 사례로 꼽는다.

이처럼 특정 분야에서 출발한 슈퍼앱은 이후 확장을 통해 경계 없는 경쟁을 벌인다.

주요 슈퍼앱의 핵심 기능

메시징	위챗	• 중국의 슈퍼앱 • 메신저, 소셜 미디어, 결제, 은행 업무 등 다양한 기능 제공
	라인	• 일본의 메신저 앱 • 메시지, 음성/동영상 통화, 게임, 뉴스 등 다양한 서비스 제공
	카카오	• 한국의 메신저 앱 • 1:1 채팅, 그룹 채팅, 음성 채팅, 영상 채팅, 페이스 톡, 게임, 쇼핑, 택시, 배달 등 다양한 기능을 제공
모빌리티	그랩	• 인도네시아의 슈퍼앱 • 타클 서비스, 음식 배달, 금융 등 다양한 서비스 제공
	고젝	• 인도네시아의 슈퍼앱 • 타클 서비스, 음식 배달, 금융 등 다양한 서비스 제공
커머스	JD닷컴	• 중국의 대형 온라인 쇼핑몰 • 패션, 전자제품, 식품 등 다양한 상품 판매
	라자다	• 동남아시아의 대형 온라인 쇼핑몰 • 전자제품, 패션, 화장품 등 다양한 상품 판매
결제	알리페이	• 중국의 결제 서비스 • 위챗과 함께 중국에서 가장 널리 사용되는 결제 수단 중 하나
	페이티엠	• 인도의 슈퍼앱 • 결제, 쇼핑, 비디오 스트리밍, 게임 등 다양한 기능 제공

API 경제 시대와 슈퍼앱의 관계

컴퓨팅 환경이 클라우드 네이티브로 발전하면서 사내 업무 시스템과 대외 서비스 시스템 모두 구조적인 변화의 시기를 맞이하고 있다. 레거시 환경은 API를 통해 애플리케이션의 주요 기능과 데이터를 외부에 유연하게 노출해 다른 서비스와 연계할 수 있는 애플리케이션 현대화(Application Modernization)의 길을 걷고 있다. 그리고 민첩성을 요구하는 대외 서비스 플랫폼은 마이크로 서비스 아키텍처를 기반으로 한 디지털 및 클라우드 네이티브 환경으로 바뀌고 있다. 이처럼 API를 중심으로 시스템 안팎에서 큰 변화가 일어남에 따라 슈퍼 앱을 통해 더욱더 다양한 서비스와 기능을 제공할 수 있게 되었다.

API를 연계하여 슈퍼앱은 다른 앱을 통해 기능을 제공할 수 있다. 예를 들어 금융 슈퍼앱은 은행이 제공하는 오픈 API를 이용하여 계좌 조회, 송금, 입출금 등 다양한 금융 서비스를 제공할 수 있다. 또한 메시징 슈퍼앱은 유명 소셜 네트워크가 제공하는 API를 이용하여 친구 목록, 메시지 전송 등 다양한 서비스를 제공할 수 있다.

API 연계는 슈퍼앱 간의 협력 모델도 지원한다. 예를 들어 커머스 슈퍼앱과 결제 슈퍼앱을 연계하면 사용자에게 더욱 편리한 결제 경험을 제공할 수 있다. 또 다른 예로, 자동차 등 교통수단 공유 서비스를 핵심 기능으로 하는 슈퍼앱을 지도 관련 슈퍼앱과 연결해 더 정교하고 정확한 경로 추천 및 안내 기능을 제공할 수도 있다.

슈퍼앱으로 수렴되는 모바일 시장

결국 모바일 앱 시장에서는 슈퍼앱이 되고자 하는 분야별 선도 앱 간의 경쟁이 일어날 전망이다. 다운로드 수 기준으로 가장 인기 있는 앱 목록을 보면 '슈퍼앱' 또는 '단독 앱에서 슈퍼앱으로 발전 중인 앱'이 대부분인 것을 알 수 있다.

애플리케이션	다운로드(mm)
틱톡(TikTok)	656
인스타그램(Instagram)	545
페이스북(Facebook)	416
왓츠앱(WhatsApp)	395
텔레그램(Telegram)	329
스냅챗(Snapchat)	327
줌(Zoom)	300
메신저(Messenger)	268
캡컷(CapCut)	255
스포티파이(Spotify)	203

　인기 앱들의 중장기 전략을 살펴보면 서비스와 기능의 확장은 수렴과 발산을 반복하는 가운데 결국 슈퍼앱으로 발전하고자 함을 알 수 있다. 이에 대해서는 다음 장에서 살펴보겠다.

|

슈퍼앱 왕좌의 게임: 디지털 네이티브 기업

DIGITAL X1

슈퍼앱은 디지털 네이티브 기업, 그리고 금융, 통신, 제조, 소매 등의 분야에서 오랜 기간 사업을 영위한 기존 기업 모두의 관심사다. 디지털 네이티브 기업의 경우 스타트업에서 시작해 슈퍼앱으로 성장하는 것을 목표로 삼는다. 반면에 금융, 통신, 제조, 소매, 서비스, 의료 같은 산업계의 기업은 슈퍼앱을 디지털 전환의 한 축으로 바라본다.

위챗, 알리페이, 그랩, 고젝, 잘로 등 성공한 슈퍼앱은 공통점이 많다. 주요 슈퍼앱의 기능으로 소셜/커뮤니티, 소매, 금융, 마켓플레이스, 교통, 배달이 꼽히는 것도 같은 맥락에서 이해할 수 있다. 사용자의 직접적인 참여를 통해 성장하는 것도 유사하다. 사용 시간을 늘리기 위해 슈퍼앱은 단순 서비스 제공을 넘어 사용자 간에 경험과 정보를 공유하고 매끄럽게 소통할 수 있는 기능을 제공해 참여를 강화한다. 그리고 이를 통해 고객 충성도를 높이고, 고객과 깊은 관계를 형성해 이탈을 최소화한다. 진화 과정도 비슷하다. 처음 시작은 '전가의 보도'로 특정 분야에서 사용자 불편을 해소하며 1위로 자리 잡는다. 이후 고객의 삶에 더욱 밀접하게 통합될 수 있는 인접 사업 분야로 앱 포트폴리오를 확장하여 '스위스 아미 나이프'처럼 다재다능한 서비스로 미래 시장을 선점하며 성장한다.

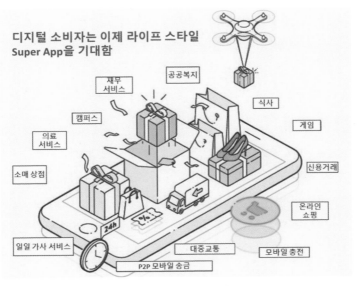

슈퍼앱이 제공하는 다양한 서비스

소셜 미디어: 틱톡, 인스타그램

소셜 미디어 앱은 메시징 강화 및 미니앱 등의 새로운 생태계 구축을 통해 슈퍼앱으로 성장하는 전략을 취하고 있다. 최근 가장 인기 있는 앱인 틱톡은 2021년 제3자가 앱 내에서 '미니앱'을 구축할 수 있는 개발 도구인 틱톡 점프(TikTok Jump)를 출시했다. 다른 기업 또는 개인 개발자는 틱톡 점프를 이용해 틱톡 사용자에게 다양한 콘텐츠와 서비스를 제공할 수 있다.

- **포스트메이츠의 미니앱:** 미국의 음식 배달 업체인 포스트메이츠(Postmates)는 틱톡에서 주문을 받는 미니앱을 개발했다. 포스트메이츠의 미니앱은 틱톡에서 팬이 즐길 수 있는 새로운 음식을 소개하면서 해당 음식을 바로 주문할 수 있는 기능을 제공한다. 사용자가 틱톡에서 이 미니앱을 실행하면 바로 포스트메이츠의 주문 페이지로 이동할 수 있다.

- **라바짜의 미니앱:** 다양한 콘텐츠와 서비스를 이탈리아의 커피 회사인 라바짜(Lavazza)도 미니앱을 개발했다. 이 미니앱은 틱톡에서 커피 레시피를 공유하면서, 사용자가 해당 커피를 바로 주문할 수 있는 기능을 제공한다. 이 미니앱 역시 틱톡에서 사용자가 실행하면 바로 라바짜의 주문 페이지로 이동한다.

틱톡의 목표는 미니앱 생태계를 만들어 사용자가 다양한 경험을 할 수 있도록 하는 것이다. 틱톡은 다양한 미니앱이 사용자들이 틱톡 앱에 머무는 시간을 늘리는 데 기여할 것이라고 보고 있다. 또한 틱톡에서 자사 브랜드의 충성도 높은 팬층을 보유한 기업 역시 틱톡 점프를 이용해 새로운 시장에 진출할 수 있는 기회를 얻게 될 것이라 기대하고 있다.

틱톡의 뒤를 바짝 쫓고 있는 인스타그램 역시 슈퍼앱에서 미래를 찾고 있다. 인스타그램의 책임자인 아담 모세리(Adam Mosseri)는 2021년에 인스타그램은 더 이상 사진 공유 앱이 아니라고 선언하는 비디오를 공개하며 앞으로 크리에이터, 동영상, 쇼핑, 메시징 등 다양한 라이프스타일 영역에 초점을 맞출 것이라고 밝혔다. 이런 새로운 전략에 맞춰 인스타그램은 2022년 초 스포티파이 음악 공유, 그룹 메시지 투표, 온라인 상태 확인 등 다이렉트 메시지 기능을 대대적으로 보강했다. 새로 추가된 다이렉트 메시지 기능에는 인스타그램이 추구하는 슈퍼앱의 방향이 잘 담겨 있다. 인스타그램은 사람을 연결하는 방식이 피드와 스토리에서 메시징으로 이동했다고 보고 미래 슈퍼앱 전략의 방향을 잡고 있다.

핀테크: 레볼루트, 스퀘어

핀테크 업계는 슈퍼앱을 '번들링(Bundling) 전략의 확장'으로 바라본다. 핀테크 기업들은 번들링 전략을 통해 다양한 금융 서비스를 제공한다. 번들링의 예로 결제, 대출, 투자, 보험 등 다양한 금융 서비스가 있다. 번들링 전략의 이점은 데이터 수집을 바탕으로 기존 사용자가 다른 금융 서비스로 이탈하는 것을 방지하는 데까지 이어진다. 핀테크 기업은 번들링을 통해 데이터 수집 범위를 확대하고, 이를 분석한 결과로 사용자들의 선호도를 파악하여 그에 맞는 서비스를 제공할 수 있다.

- **레볼루트:** 번들링 확장을 통해 슈퍼앱으로 진화 중인 대표적인 앱으로는 영국의 레볼루트(Revolut)가 있다. 레볼루트 앱은 해외 송금, 환전, 결제, 암호화폐 거래, 투자 서비스, 숙박 예약 등 다양한 서비스를 제공한다. 레볼루트는 단순한 핀테크 앱이 아니라 '금융 및 라이프스타일 동반자'로 앱의 서비스 포트폴리오를 확대하고 있다.

- **스퀘어:** 스퀘어(Square)는 2010년 POS(Point of Sales)를 시작으로 사업을 키운 회사로, 계약, 현금 흐름 분석, 인보이스 발행 및 결제, 프로젝트 관리, 고객 데이터베이스, 매장 구축 등을 제공하는 '판매자를 위한 플랫폼'으로 발전했다. 최근에는 암호화폐 지갑, 모기지, 비용 관리 등의 기능을 추가하며 슈퍼앱으로의 변신을 꾀하고 있다.

핀테크 업계의 슈퍼앱 전략의 확장은 CB인사이트(CB Insights)가 정의한 주요 기업 및 비즈니스 분야를 하나의 앱 및 생태계에서 제공하는 것이라 전망할 수 있다. 핀테크 앱은 전통적인 금융 기관과 달리 금융 서비스의 민주화를 차별점으로 내세우며 서로 다른 산업 경계로 구분하던 은행, 보험, 카드 등의 영역을 모두 묶어 제공하는 쪽으로 슈퍼앱화되어 갈 것으로 보인다.

핀테크 기업의 주요 사업 모델(출처: CB인사이트)

게임, 엔터테인먼트: 구글 플레이 게임, 타임즈프라임, 스포티파이 등

게임 업계와 OTT 및 음악 스트리밍 같은 엔터테인먼트 기업들의 슈퍼앱 전략도 빠르게 구체화되고 있다. 게임 업계는 슈퍼앱 모델을 가장 잘 수용하고 있는 산업 중 하나다. 주요 온라인 모바일 기업들은 다양한 게임 경험은 물론 소셜 미디어, 이커머스, 결제 등의 기능을 제공하여 사용자가 하나의 앱에서 친구들과 연락하고, 게임 내 아이템을 구매하고, 결제할 수 있도록 한다. 또한 OTT 및 음악 스트리밍 회사들도 슈퍼앱 모델을 채택하고 있다. 주요 플레이어들은 슈퍼앱으로 변모해 가는 가운데 사용자가 원하는 콘텐츠를 찾고, 다른 팬과 소통하고, 사용자의 관심사에 따른 맞춤형 추천 등을 제공하고 있다. 주요 사례를 통해 알아보자.

온라인, 모바일 게임 사업자는 오래 전부터 슈퍼앱의 전형적인 특징을 비즈니스 모델에 적용해 왔다. 게임은 사용자가 매우 많은 시간을 보내는 앱인 동시에 몰입도가 높다. 또한 사용자들은 게임을 하면서 수많은 사람과 교류하고, 심지어 해당 게임과 관련된 다양한 커뮤니티에서 활동하기도 한다. 이 외에도 게임 내에서 각종 아이템 등을 사고파는 상거래가 활성화되어 있다. 게임 부문의 슈퍼앱은 다른 분야의 슈퍼앱처럼 단일 앱에서 여러 게임을 즐길 수 있는 편의를 제공한다. 대표적인 예로 구글 플레이 게임, 탭탭(TapTap), 디스코드(Discord), 게임플라이(GameFly), 트위치(Twitch) 등이 있다.

OTT 서비스 기업 역시 핀테크와 유사하게 번들링을 통해 슈퍼앱 방식의 사업 모델을 택하고 있다. 이 모델의 핵심은 단일 구독으로 사용자가 여러 OTT 사업자의 콘텐츠를 이용할 수 있도록 하는 것이다. 사용자는 여러 앱을 다운로드할 필요 없이 하나의 앱으로 원하는 콘텐츠를 즐길 수 있다. 타임즈프라임(Times Primes), OTT플레이(OTTPlay), 릴굿(Reelgood) 등이 하나의 멤버십으로 여러 OTT 서비스의 콘텐츠를 이용할 수 있는 앱의 예이다.

북미 지역의 주요 OTT 서비스를 단일 앱으로 제공하는 릴굿

음악 스트리밍 서비스도 사용자가 일상에서 꽤 오랜 시간 사용하는 앱이다. 최근 추세는 단순히 음악 콘텐츠를 제공하는 것을 넘어 사용자들이 앱 내에서 다양한 서비스를 즐기고 비슷한 취향을 가진 사람들과 교류할 수 있게 해 주는 슈퍼앱으로 진화하는 것이다.

- **네티즈 클라우드 뮤직:** 중국을 대표하는 음악 스트리밍 서비스 중 하나인 네티즈 클라우드 뮤직(Netease Cloud Music)은 음악 스트리밍 외에도 사용자끼리 노래 가사를 공유하고 서로 음악 추천을 할 수 있는 부가 기능이 있다. 이와 더불어 라디오나 오디오북 같은 다양한 콘텐츠를 이용할 수 있도록 서비스를 확대하고 있다.

- **스포티파이:** 음악이라는 주제에서 출발해 슈퍼앱으로 진화하고 있는 최근의 트렌드는 글로벌 선두 주자인 스포티파이와 애플뮤직의 행보에서도 확인할 수 있다. 스포티파이는 음악 서비스 이외에도 팟캐스트, 오디오북 등 다양한 콘텐츠와 함께 음악 추천 기능, 소셜 기능 등을 제공하여 사용자들의 음악 청취 경험을 개선하고 있다.

- **애플뮤직:** 애플뮤직도 음악 스트리밍 서비스 이외에 라디오 방송, 뮤직 비디오, 라이브 이벤트 등 다양한 콘텐츠를 제공하며 음악 추천, 가사 검색 같은 부가 기능을 제공한다.

이커머스: 타타 뉴앱

이커머스 업계의 슈퍼앱은 포괄적인 디지털 경험을 제공하는 올인원 플랫폼을 추구한다. 이커머스 기업들은 온라인 쇼핑, 배송, 결제 등 기존 서비스를 하나의 앱에 통합하는 가운데 음식 배달, 차량 공유, 금융 등 새로운 서비스를 추가해 가며 슈퍼앱을 확장한다. 더불어 프리미엄 멤버십 프로그램을 통해 고객 충성도를 높이는 전략을 취한다.

예를 들어 인도 기반 다국적 기업인 타타 그룹의 타타 뉴앱(Tata NeuApp)

은 이커머스를 기반으로 한 슈퍼앱의 전형이라 할 수 있다. 타타 뉴앱은 쇼핑, 결제, 예약 등 여러 서비스를 하나의 앱으로 제공한다. 사용자는 이 앱을 이용해 식료품, 전자제품, 패션 아이템, 의약품 등 다양한 제품을 구매할 수 있다. 또한 전기, 수도, 가스 같은 요금도 납부할 수 있으며 항공편, 호텔, 렌터카 예약 같은 여행 서비스나 송금, 대출, 보험 같은 금융 상품도 이용할 수 있다. 타타 그룹은 뉴패스라는 멤버십 프로그램을 통해 더 큰 할인과 혜택을 제공하는 프리미엄 서비스도 운영한다.

타타 뉴앱

건강, 뷰티: 글로우 레시피, 그랩과 AS 왓슨

건강, 뷰티 부문의 주요 모바일 앱은 건강 관련 정보, 상품, 예약, 커뮤니티 등 다양한 서비스를 통합하는 방향으로 슈퍼앱 전략을 추진하고 있다. 예를 들어 뷰티 앱인 글로우 레시피(Glow Recipe)는 다양한 뷰티 상품을 판매하는 온라인 쇼핑몰 기능과 함께 피부 관리 팁, 온라인 커뮤니티, 상품 추천 등의 기능을 제공한다. 또 다른 예로 건강 관리 앱인 헬스이라(Healthera)는 예약, 처방전 수령, 건강 기록 관리 등의 기능을 제공하여 사용자들이 건강 관리를 더욱 쉽게 할 수 있도록 도와준다.

한편, 슈퍼앱이 오프라인 매장 기반을 갖춘 기업과의 제휴를 통해 옴니채널 경험을 제공하는 사례도 늘고 있다. 그중 대표적인 것이 세계 최대 건강 및 미용 소매 기업인 AS 왓슨(AS Watsons) 그룹과 동남아를 대표하는 슈퍼앱인 그랩의 제휴다. 양 사는 2021년 제휴를 맺고 옴니채널 서비스를 개시했다. 그랩 앱 이용자는 인앱 지갑인 그랩페이로 왓슨의 앱 또는 매장에서 상품 구매 비용을 지불할 수 있다. 왓슨 앱 이용자는 상품을 온라인에서 구매한 다음 주문한 상품을 그랩의 배달 서비스를 통해 5시간 내에 받아 볼 수 있다.

생산성 도구: 마이크로소프트, 구글

SaaS 방식으로 이용하는 비즈니스 생산성 도구는 오래 전부터 모든 것을 제공하는 슈퍼앱 전략을 취해 왔다. 생산성 도구의 양대 산맥이라 할 수 있는 마이크로소프트와 구글은 사용자들이 단일 환경에서 더 빠르고 효율적으로 작업을 처리할 수 있도록 슈퍼앱 전략을 추진 중이다. 이 두 기업의 전략에서 찾을 수 있는 공통점은 크게 세 가지다.

마이크로소프트와 구글 전략의 공통점① 서비스 통합

첫 번째는 서비스 통합이다. 비즈니스 생산성 슈퍼앱은 여러 서비스와 기능을 단일 플랫폼에 통합하는 쪽으로 진화하고 있다. 예를 들어 문서 작업 및 공유, 프로젝트 관리, 커뮤니케이션 등의 기능이 단일 플랫폼으로 제공된다.

마이크로소프트와 구글 전략의 공통점② 사용자 지정 및 개인화 기능 강화

사용자 지정 및 개인화 기능을 강화하는 것도 두 기업의 공통점이라 할 수 있다. 비즈니스 생산성 슈퍼앱은 사용자의 특정 요구에 맞게 앱을 맞춤화하여 사용자에게 개인화된 경험을 제공한다. 이와 관련해 주목할 추세로 로우코드/노코드를 꼽을 수 있다. 이 기능이 강화되면 개발을 모르는 일반 사용자도 쉽게 앱을 만들 수 있어 비즈니스 생산성 도구의 개인화 수준을 크게 높일 수 있다.

마이크로소프트와 구글 전략의 공통점③ AI 및 자동화

세 번째는 AI 및 자동화이다. 비즈니스 생산형 AI 기반 자동화로 사용자 생산성을 개선하고 개인의 작업 내용에 따라 맞춤형 추천을 하기 위해 마이크로소프트와 구글은 생성형 AI 모델을 적용하고 있다.

이 경쟁을 먼저 시작한 것은 마이크로소프트다. 2023년 초 마이크로소프트 365 코파일럿(Copilot)이 발표되었다. 이름에 나타나 있듯이 오피스 도구를 이용하는 사용자를 돕는 '부기장' 역할을 AI가 하는 도구다. 마이크로소프트 365 코파일럿에 적용된 생성형 AI는 ChatGPT다. 사용자는 워드, 엑셀, 파워포인트, 아웃룩을 사용할 때 AI의 도움을 받아 문서를 더 빠르고 효율적으로 작성할 수 있다.

워드

예를 들어, 워드를 이용해 문서를 작성할 때 맨 앞에 넣을 요약문을 직접 작성하지 않아도 된다. 내용 요약을 요청하면 자동으로 정리된 서문이 완성된다. 또한 작성한 내용 중 두 번째 단락이 너무 길고 지루하다면 코파일럿에 "두 번째 단락을 간결하게 만들어 줘."라고 요청하기만 하면 된다.

파워포인트

파워포인트를 이용할 때 채팅하듯이 "워드 문서 내용을 기반으로 5장의 슬라이드를 만들어 줘."라고 요청하면 AI가 최적의 디자인에 맞춰 문서를 만든다.

엑셀

엑셀로 데이터를 정리해 표를 만들거나 분석을 할 때 수식이나 매크로를 몰라도 된다. 코파일럿과 대화를 나누듯이 작업 요청을 하면 AI가 추세를 뽑아내고 전문가 수준으로 분석 결과를 시각화한다.

아웃룩

아웃룩을 쓸 때 코파일럿에 발송 이메일 주소와 함께 "다음 주 수요일 신제품 출시 초대 메일을 발송하고 내용에 '점심 식사 제공'도 넣어 줘."라는 텍스트를 입력하면 해당 이메일 내용이 자동으로 완성된다.

이 외에도 팀즈, 파워 플랫폼, 비즈니스 챗을 사용할 때도 코파일럿은 옆에 앉아 함께 작업하는 동료처럼 맡은 일을 처리한다.

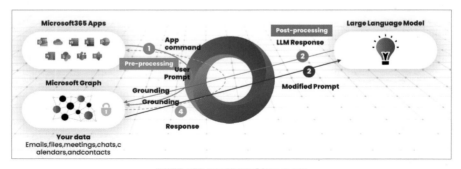

마이크로소프트 365 코파일럿(출처: Digital X1)

슈퍼앱 왕좌의 게임:
전통 기업

DIGITAL X1

금융, 통신, 제조, 소매, 서비스, 의료 같은 산업계의 기업은 디지털 전환 여정 측면에서 슈퍼앱 전략을 추진한다. 2023년 현재 디지털 전환은 새로운 양상으로 전개되고 있다.

디지털 전환 1.0 시대에는 주로 '조직의 운영 효율화(Operational Efficiency)'에 초점을 맞추었다. 클라우드 전환, 프로세스 혁신, AI 기반 자동화, 실시간 분석 같은 첨단 기술 수용을 통해 조직 운영의 효율성과 비즈니스 민첩성을 높이는 것이 주요 목표였다.

디지털 전환 2.0 시기에는 기업의 관심사가 '고객의 사용자 경험'으로 바뀌었다. 디지털 도구와 기술을 활용해 만든 다양한 서비스와 콘텐츠를 통해 더 나은 사용자 경험을 제공하고 고객의 충성도를 높이며 데이터를 수집한 다음, 그것을 바탕으로 더 정교한 개인화 기반 서비스를 제공하는 선순환 구조를 만드는 것이 기업들의 주요 관심사였다. 즉, 디지털 전환 2.0 시대의 화두는 비즈니스 모델에 디지털을 접목하는 것이었다.

그리고 디지털 전환 3.0 시대에 돌입한 지금, 기업은 디지털 플랫폼을 구축하고 이를 토대로 한 디지털 상품으로 새로운 수익 흐름을 만드는 것에 주목하고 있다.

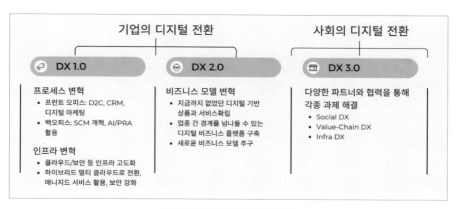

DX 전략 도구 프레임워크(출처: Digital X1)

디지털 전환의 한 축인 슈퍼앱

디지털 전환과 관련해 기업은 '오랜 기간 운영한 IT 환경'인 레거시(legacy)를 현대화하는 가운데 디지털 네이티브 비즈니스 플랫폼 구축에 관심을 보였고, 실제로 기업의 IT 투자 전략에 큰 변화가 일어났다. 기업의 IT 환경은 여러 세대의 기술이 섞여 있다. 금융권처럼 차세대 프로젝트를 통해 주기적으로 최신 IT 환경으로 전환하는 경우도 있지만 보통은 새로운 수요가 있을 때마다 시스템을 구축한다. 그리고 이 과정에서 구축한 지 오래된 시스템과 최근에 만든 시스템까지 여러 세대의 IT 기술이 혼재된다. 이런 이유로 많은 조직이 기존 레거시 환경을 호스트, 플랫폼 전환을 통해 점진적으로 현대화하고 있다. 이 과정에서 기존 레거시에 있던 중요 데이터 자산이 API를 통해 상품화되어 가고 있다. 그리고 이들 레거시는 클라우드 네이티브 기술을 기반으로 한 디지털 비즈니스 플랫폼과 연계되고 있다. 전략적으로 '레거시 현대화'와 '디지털 비즈니스 플랫폼 구축'이라는 투트랙 노선을 가는 것이라 볼 수 있다.

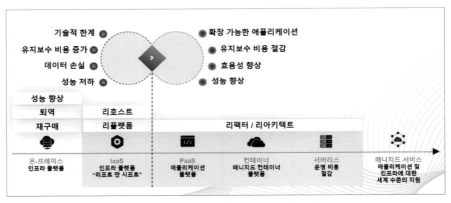

레거시 현대화 및 디지털 플랫폼 구축 트랙 전략(출처: Digital X1)

디지털 전환 3.0의 화두는 디지털 기반 비즈니스를 수행할 수 있는 '디지털 플랫폼'과 이를 활용해 만든 '디지털 상품'으로 새로운 수익 흐름을 만드는 것이다. 2023년 현재 산업 간 경계는 디지털 경제라는 새로운 무대에서 빠르게 와해되어 가고 있다. 통신, 금융, 소매, 서비스 등의 경계를 넘어 다양한 서비스를 슈퍼앱으로 제공하는 시대다. 이런 변화 속에서 기업들은 온·오프라인을 아우르며 자사의 주력 사업 분야의 인접 분야로 영역을 넓히는 가운데 새로운 사용자 경험과 편익 제공을 통해 지속 가능한 수익 창출 방안을 찾아 나서고 있다.

금융: BaaS 트렌드에 주목

슈퍼앱은 BaaS(Banking-as-a-Service) 같은 디지털 금융 플랫폼이 제공하는 서비스를 사용자에게 제공하는 주요 창구라 할 수 있다. BaaS는 비금융 기업이 은행 라이선스 없이도 은행과 유사한 서비스를 제공할 수 있도록 돕는 플랫폼이자 비즈니스 생태계다. 비금융 기업은 라이선스가 있는 은행과 파트너 관계를 맺고 API를 통해 은행의 서비스에 접근할 수 있다. 이를 통해 모바일 앱이나 슈퍼앱 기업은 금융 비즈니스 관련 라이선스 획득 없이도 디지털 금융 서비스의 편의를 사용자에게 제공할 수 있다. 은행 역시 BaaS를 통해 다양한 금융 상품을 디지털 세상의 잠재 고객에게 제공할 수 있는 새로운 영업 창구를 마련할 수 있게 된다.

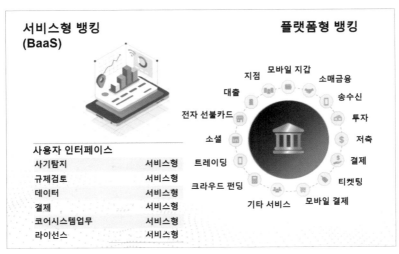

BaaS 개념(출처: Digital X1)

실제로 금융권은 디지털 금융 플랫폼 구축과 슈퍼앱 개발을 적극적으로 추진하고 있다. 주요 금융 기관은 코어 시스템 개발 및 운영 방식을 디지털 전환 전략에 맞게 바꾸어 가고 있다. 오픈 뱅킹 서비스, 뱅킹 플랫폼 서비스, BaaS 같은 새로운 비즈니스 전략을 수용하기 위해 금융권은 MSA, API, 클라우드 같은 구조적으로 세대를 달리하는 디지털 금융 플랫폼을 구축하고 있다. 주요 디지털 금융 플랫폼은 다음과 같은 공통점이 있다.

모바일 우선 접근

많은 금융 기관이 모바일 디바이스를 금융 서비스에 액세스하는 주요 채널로서 인식하고 디지털 금융 플랫폼 개발에 모바일 우선 접근 편의성을 개선하고 있다. 이와 관련해 여러 모바일 앱을 통합하여 슈퍼앱을 만들려는 움직임을 보이고 있다.

서비스 통합

디지털 금융 플랫폼은 점점 더 다양한 금융 서비스를 단일 플랫폼에 통합하여 사용자에게 더욱더 포괄적이고 편리한 자산 관리 방법을 제시하는 쪽으로 발전하고 있다. 이러한 추세는 모바일 뱅킹, 투자, 보험, 결제 서비스 등 다양한 금융 서비스와 기능을 제공하는 핀테크 슈퍼앱 개발 전략에 잘 드러나 있다.

개인화 및 맞춤화

디지털 금융 플랫폼은 사용자의 개별적인 요구와 선호도에 맞춰 개인화된 맞춤형 금융 서비스를 제공하는 데 집중한다. 이를 위해 데이터 분석과 AI 기술을 적극적으로 활용한다.

보안 강화

디지털 금융 플랫폼은 사이버 위협으로부터 사용자 데이터와 금융 거래를 보호하는 것이 매우 중요하다. 따라서 사용자 데이터를 보호하고 사기를 방지하기 위한 생체 인증, 암호화 및 기타 보안 조치를 강화하고 있다.

협업 및 파트너십

금융 기관은 디지털 금융 플랫폼을 개발하고 혁신적인 금융 서비스를 제공하기 위해 핀테크 스타트업, 기술 회사 및 기타 조직과 점점 더 많이 협력하고 있다. 이러한 추세는 금융 데이터를 공유하고 타사 금융 서비스를 디지털 플랫폼에 통합할 수 있는 오픈 뱅킹의 발전에서 분명하게 드러나고 있다.

한편, 슈퍼앱 시장을 놓고 전통적인 금융 기관과 핀테크 기업은 경쟁과 협력 관계를 지속하고 있다. 기존 금융 기관과 핀테크 기업은 모바일 뱅킹, 투자, 보험, 결제 서비스 등 유사한 금융 서비스 및 기능으로 승부한다. 이 경쟁에서 핀테크 기업은 혁신적이고 사용자 친화적인 서비스를 제공하고 있다. 반면에 기존 금융 기관은 평판, 보안, 규제 준수에 집중하는 가운데 슈퍼앱 전략을 추진하고 있다. 기존 금융 기관은 슈퍼앱 시장 참여를 위해 핀테크 기업을 인수하는 것도 고려한다.

다음으로 협업의 경우 기존 금융 기관과 핀테크 기업은 상호보완적인 금융 서비스 및 기능을 제공하기 위해 파트너십을 맺기도 한다. 예를 들어 핀테크 기업과 기존 은행의 제휴를 통해 핀테크 기업은 모바일 뱅킹 서비스를 제공하고 은행은 규제 준수 및 인프라 지원을 제공할 수 있다.

통신: 슈퍼앱 분야의 잠룡

전 세계 주요 모바일 통신 사업자는 5G 네트워크 기반 서비스와 함께 단일 앱으로 전자상거래, 결제, 음악 및 영상 스트리밍, 게임 같은 부가가치 서비스를 제공하는 슈퍼앱 개발에 뛰어들고 있다. 통신 사업자에게 슈퍼앱 전략은 낯설지 않다. 통신 사업자는 데이터 통신 수요가 늘어나는 것을 간과하지 않고 오래 전부터 여러 부가 서비스를 제공해 왔다. 더불어 통신 사업자의 플랫폼을 중심으로 한 생태계 구성에도 노력을 기울여 왔다. 이처럼 다양한 서비스 개발 및 제공을 위해 부단히 노력해 왔지만 음악, 결제 등 각 분야의 선도 모바일 앱에 자리를 내주었다. 슈퍼앱은 이러한 과거의 실패를 넘어 통신 사업자가 디지털 제품 시장을 주도할 수 있게 될 새로운 기회로 여겨지고 있다.

통신 사업자들이 내세우는 슈퍼앱 전략은 '메시징, 결제, AI' 서비스를 정조 준하고 있다.

통신 슈퍼앱 전략① 메시징 서비스

메시징 서비스는 슈퍼앱 생태계에서 매우 중요한 위치에 있다. 이에 통신 사업자는 인기 메시징 앱과 경쟁하기 위해 자체 앱을 개발하거나 전문 기업과 제휴를 맺는 방식으로 시장에 진입하고 있다.

직접 개발의 경우 전문 기업과 경쟁을 위해 RCS(Rich Communication Services)라고 불리는 새로운 메시징 프로토콜을 채택하여 전통적인 SMS/MMS 메시징 서비스를 대체하고자 하고 있다. RCS는 더욱 다양한 기능을 제공할 수 있어 대화창에서 비디오, 오디오, 이미지, 카드 등 다양한 콘텐츠를 공유할 수 있다. 직접 개발의 주요 사례 중 하나인 보다폰(Vodafone)은 자사의 RCS 기반 메시징 앱인 메시지+(Message+)를 출시했다. 그리고 중국의 경우 2020년에 차이나모바일, 차이나텔레콤, 차이나유니콤이 위챗에 도전하기 위해 RCS 기반 메시징 플랫폼 공동 개발에 나선다는 발표가 있었다.

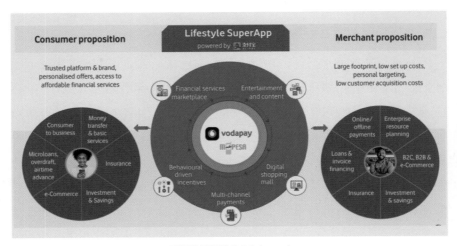

보다폰의 슈퍼앱(출처: Daily Investor)

통신 슈퍼앱 전략② 모바일 결제와 디지털 지갑

다음으로 결제의 경우 주요 통신 사업자들은 모바일 결제와 디지털 지갑 기능을 제공하는 슈퍼앱 개발에 뛰어들고 있다. 후발 주자임에도 통신 사업자의 모바일 결제와 디지털 지갑이 주목받는 이유는 스마트폰에서 찾을 수 있다. 은행 계좌나 신용 카드가 없는 이들도 스마트폰을 사용하는 시대다. 이런 이유로 선진 금융 인프라와 이용자 기반을 갖추지 못한 나라일수록 스마트폰에 설치하는 슈퍼앱이 빠르게 금융 서비스의 핵심으로 떠올랐다. 결제를 하고, 돈을 보관하고, 금융 자산을 관리하고, 친구나 가족에게 송금을 하는 모든 금융 생활이 스마트폰을 통해 이루어진다. 이러한 스마트폰 이용 현황은 곧 통신 사업자가 슈퍼앱 시장에 진출하기 좋은 조건을 갖추고 있음을 뜻한다. 이미 경쟁이 치열한 시장의 후발 주자이지만, 통신 사업자는 스마트폰 가입자 기반이 있어 상대적으로 다양한 서비스를 추가하며 슈퍼앱을 키우기에 유리하다.

- **엠페사:** 모바일 결제와 전자지갑 기능을 제공하는 예는 많다. 아프리카의 통신 사업자인 사파리콤이 개발한 엠페사(M-Pesa) 앱은 케냐와 탄자니아에서 가장 널리 사용되는 결제 수단 중 하나다. 전화번호만으로 계좌를 개설하고 모바일 앱을 통해 송금, 결제, 입출금 등의 서비스를 이용할 수 있다. 북미와 유럽 지역의 통신 사업자도 이와 유사한 서비스를 제공한다.

- **T 모바일 머니:** T 모바일은 'T 모바일 머니(T Mobile Money)'라는 모바일 뱅킹 앱으로 디지털 지갑과 모바일 결제 기능을 제공한다. 사용자는 이 앱을 통해 결제, 수표 입금, 재무 관리를 할 수 있다.

- **버라이즌 페이:** 버라이즌의 경우 '버라이즌 페이(Verizon Pay)' 앱을 제공한다. 사용자는 구매한 상품이나 서비스 비용을 결제하고, 결제 방법을 관리하고, 결제 내역을 볼 수 있다. 또한 이 앱은 버라이즌이 제공하는 다른 모바일 앱과 통합되어 있다.

- **오렌지 뱅크:** 오렌지는 '오렌지 뱅크(Orange Bank)'라는 모바일 뱅킹 앱으로 디지털 지갑, 모바일 결제 및 기타 금융 서비스를 제공한다.

AI 서비스와 관련해 통신 사업자들은 ChatGPT 수준의 자연어 처리 기반 서비스 제공을 시작하거나 준비하는 중이다. 지금까지 통신 사업자의 AI 기술 활용은 기존 고객 기반으로 네트워크 인프라, 데이터 분석 기능을 활용하여 고객에게 맞춤형 개인화 서비스를 제공하는 것에 초점이 맞추어져 있었다. 그러던 것이 ChatGPT 등장 후 자연어 처리 기반 서비스로 관심이 쏠리게 되었다.

통신 사업자들은 자연어 처리 기반 챗봇 서비스가 스마트폰 사용 방식을 바꾸는 가운데 개인화 서비스의 새로운 장을 열 것으로 기대하고 있다. 사용법에 있어서도 AI 챗봇은 스마트폰과 사용자 간의 상호작용 방식을 바꿀 전망이다. 애플 시리나 구글 어시스턴트는 단편적인 소통만 가능한 반면 자연어 처리 기반 AI 챗봇은 진정한 대화 수준의 상호작용을 통해 스마트폰을 더 편하게 이용할 수 있는 길을 열 것으로 보인다. 스마트폰 사용자가 챗봇을 통해 장치 및 각종 서비스를 이용하는 시간이 길어질수록 통신 사업자는 사용자의 취향과 선호를 더 깊이 파악할 수 있다. 그리고 사용자에 대한 이해가 깊어질수록 맞춤형 서비스에 대한 사용자 만족을 높일 수 있다.

관련 사례로 SK텔레콤의 '에이닷(A.)'이 있다. 사용자는 스마트폰 사용을 도와줄 캐릭터의 외모, 음성 등을 취향에 맞게 지정한 다음 음성이나 문자를 통해 대화를 할 수 있다. 에이닷은 SK텔레콤의 모바일 앱 이용 경험을 크게 바꾸고 있다. 에이닷을 이용해 생성한 챗봇을 이용하면 음악 및 동영상 스트리밍, 티맵 내비게이션 등 SK텔레콤의 모바일 앱이 제공하는 다양한 일상 서비스를 편리하게 사용할 수 있다. 에이닷은 다양한 서비스를 더 쉽고 편하게 이용할 수 있는 인터페이스로 기능하며 SK텔레콤의 슈퍼앱 전략에서 중요한 역할을 할 것으로 보인다. 그리고 대화를 통해 축적한 데이터를 바탕으로 SK텔레콤은 매우 정밀한 수준의 추천, 제안 등 맞춤형 서비스를 제공할 수 있게 될 것이다. 그 일환으로 최근 SK텔레콤은 AI 스타트업인 스캐터랩과 협업하여 감성형 AI 에이전트인 A프렌즈와 함께 마이크로소프트 애저를 통해 ChatGPT 모델을 이용하는 '챗T'를 추가했다.

SK텔레콤의 에이닷

자동차: SDV를 시작으로 슈퍼앱으로 진화

완성차 업계 및 신생 전기차 기업들은 '소프트웨어 정의 기반 자동차(SDV, Software Defined Vehicle)' 전략을 빠르게 구체화하고 있다. SDV는 자동차의 주요 기능과 특성을 소프트웨어 중심으로 구현하는 방식이다. 기존 차량과 달리 SDV는 자동차의 기능과 성능을 간편하게 업그레이드할 수 있고, 더 스마트하고 개인화된 운전 및 탑승 경험을 제공한다. SDV는 하이퍼커넥티드 자동차 시대를 위한 완성차 기업의 전략적 포석이다. 완성차 기업은 하이퍼커넥티드 자동차 서비스에서 미래 성장 동력을 찾고 있다. 완성차 기업은 AI, 빅데이터 분석 기술로 사용자가 원하는 서비스와 정보를 실시간으로 제공하는 미래를 그리고 있다.

자동차 관련 모바일 앱은 주로 원격 잠금 및 잠금 해제, 실내 온도 조절, 실시간 교통 정보, 응급 서비스, 긴급 출동 서비스, 도난 알림 같은 '운전자를 위한 기능'을 제공한다. SDV 기반의 미래 자동차의 경우 슈퍼앱이 주요 상호작용 수단이 될 전망이고, 이것이 완성차 업체들이 SDV 기술에 대한 연구와 개발을 지속적으로 진행하며 슈퍼앱 개발에도 관심을 갖는 이유다.

미래 첨단 자동차를 위한 모빌리티 슈퍼앱은 SDV 기반 차량의 다양한 기능을 제어하기 위한 통합 인터페이스를 제공할 수 있다. 사용자는 내비게이션 및 엔터테인먼트부터 자율주행 및 차량과 그리드 간 상호작용과 같은 고급 기능까지 모든 것을 슈퍼앱을 통해 이용할 수 있다. 또한 사용자와 슈퍼앱 간의 상호작용을 통해 쌓은 데이터는 운전 환경, 인포테인먼트, 실내 온도 조절 등에 대한 맞춤화된 경험을 제공하는 데에도 활용될 수 있다. 이 밖에도 자동차 기업은 SDV 전략을 시작으로 자동차를 모빌리티 플랫폼화해 나가며 음악 스트리밍, 교통 정보, 주차 서비스, 전기 자동차 충전소 네트워크, 이커머스 같은 서비스를 탑승자에게 제공할 것으로 보인다. 이런 모빌리티 전략을 추구하면서 자동차 기업은 더 나은 사용자 편의 제공을 위해 단일 앱으로 모든 서비스에 접근할 가능성이 크다.

일부 완성차 업체들은 SDV 전략을 중심으로 한 비즈니스 모델을 발표하고 있다. BMW는 'ACES(Autonomous, Connected, Electrified, Shared)' 전략을 제시하며 새로운 미래 자동차 산업을 그리고 있다. 현대·기아자동차 역시 SDV와 하이퍼커넥티드 자동차를 중심으로 한 '비전 FCEV 2030'을 발표한 바 있다. 슈퍼앱 개발의 경우 일부 완성차 업체들이 자사의 앱을 슈퍼앱으로 발전시키려고 노력을 기울이고 있는 중이다. 토요타는 자사의 앱인 '마이 토요타'를 슈퍼앱으로 발전시키는 프로젝트를 진행하고 있으며 BMW도 '마이 BMW' 앱을 슈퍼앱으로 발전시켜 추가 기능을 더해 가고 있다. 완성차 업체가 슈퍼앱 개발에 관심을 보이는 이유는 고객에게 더 많은 서비스와 정보를 제공하며 미래 모빌리티 및 하이퍼커넥티드 자동차 시대의 새로운 수익원과 성장 동력을 찾기 위함이다.

실제로 일부 완성차 업체들은 자율 주행 기술과 슈퍼앱을 융합해 차량을 스마트한 모빌리티 제품으로 발전시키는 시도도 하고 있다. 예를 들어 테슬라는 슈퍼앱과 자율 주행 기술을 융합하여 '테슬라 택시' 서비스를 제공하고 있고, 포드는 슈퍼앱과 연결된 '포드 포커스'를 출시해 자율 주행 기술을 활용한 스마트한 모빌리티 서비스를 제공 중이다.

제조: 인더스트리 4.0 비전 실현 수단

제조 부문의 슈퍼앱 트렌드는 지멘스, 보쉬, GE 같은 자동화 솔루션 기업들이 주도하고 있다. 이들 기업은 인더스트리 4.0 시대의 비전을 디지털에서 찾는다. 제조 업계 디지털 전환의 핵심은 데이터다. 자동화 솔루션 기업들은 슈퍼앱을 '디지털 중심의 생산 혁신'이자 '직원, 파트너, 그리고 고객에게 더 나은 서비스를 제공하는 창구'로 바라본다. 이들 기업이 제공하는 앱의 일반적인 기능은 다음과 같다.

실시간 데이터 접근
모바일 앱을 통해 제조 공정의 실시간 데이터에 접근하여 성능을 모니터링하고 문제를 신속하게 파악한다.

원격 제어
모바일 앱으로 제조 프로세스를 원격으로 제어하고 조정할 수 있으므로 운영자는 어디서나 설정 및 최적화 작업을 수행할 수 있다.

분석 및 통찰력
모바일 앱은 제조 프로세스에 대한 분석 및 통찰력을 제공하여 개선이 필요한 부분을 파악하고 운영을 최적화할 수 있도록 지원한다.

협업
모바일 앱을 사용하면 팀 간의 협업을 활성화하여 운영자, 관리자, 엔지니어가 협력해 문제를 해결하고 프로세스를 개선하도록 할 수 있다.

생산 혁신과 관련해 자동화 솔루션 기업들은 생산 기계 및 플랜트 관련 앱을 제공한다. 모든 공정에서 생성되는 데이터는 실시간으로 수집되고, 클라우드에서 운영하는 분석이나 AI 기반 앱을 활용해 가용성, 품질, 성능, 에너지 효율 등을 최적화하는 데 사용된다. 현장 근무자는 모바일 앱을 통해 각종 작업에 필요한 통찰력을 확보한다.

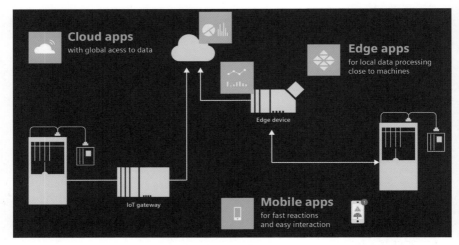

앱을 이용한 생산 혁신(출처: 지멘스)

고객에게 새로운 디지털 경험을 제공하는 데에도 앱이 활용된다. 주요 자동화 솔루션 기업은 차별화된 고객 가치 제공을 위해 슈퍼앱 유형의 모바일 앱을 개발해 제공하고 있다.

- **보쉬:** 유지보수 및 수리 서비스, 보증 관리, 사용자 매뉴얼 등 고객에게 다양한 서비스를 제공하는 '보쉬 어시스트(Bosch Assist)'라는 앱을 개발했다. 이 앱에는 문제 해결을 위한 증강 현실 및 원격 지원과 같은 기능도 포함되어 있다.

- **GE:** 산업용 사물 인터넷 및 분석과 관련된 다양한 서비스를 제공하는 '프리딕스(Predix)'라는 앱을 통해 예측 유지보수, 자산 추적, 데이터 분석과 같은 기능을 제공한다.

- **캐터필러:** 고객에게 장비 관리, 유지보수 및 수리 서비스, 렌탈 서비스 등 다양한 서비스를 제공하는 '캣앱(Cat App)'이라는 슈퍼앱을 제공한다.
- **지멘스:** 고객에게 산업용 사물 인터넷 및 분석과 관련된 다양한 서비스를 제공하는 '마인드스피어(MindSphere)' 앱으로 예측 유지보수, 자산 추적, 데이터 분석과 같은 기능을 제공한다.

소매: O2O와 O4O의 가교인 슈퍼앱

소매 업계의 슈퍼앱 전략은 일반적으로 온라인과 오프라인에서 회사의 모든 서비스를 통합하는 종합적인 디지털 플랫폼을 만드는 것이다. 관련 전략 추진 방향은 코로나 이전과 이후로 구분된다. 코로나 기간 동안 소매 업계는 온라인 채널 강화에 나서는 가운데 디지털 기술을 활용한 O2O(Online to Offline) 서비스 제공을 확대했다. 이 기간 동안 데이터의 가치를 몸소 체험한 소매 업계는 이후 전략의 초점을 O4O(Online for Offline)로 옮겼다. O4O는 온라인 데이터를 기반으로 오프라인 사업 기회를 확대하는 것을 뜻한다. 이러한 O2O, O4O로의 자연스러운 전환의 고리 역할을 슈퍼앱이 하고 있다. 소매 업계의 슈퍼앱은 모바일 결제, 이커머스, 매장 픽업, 구독 서비스, 고객 지원과 같은 기능을 하나의 앱으로 제공하는 것이 일반적이다.

모바일 결제
온라인과 오프라인 모두에서 구매 프로세스를 간소화하고 고객에게 더 편리한 지불 경험을 제공한다.

이커머스
오프라인에 근간을 둔 소매 기업 중 옴니채널에 대한 사용자 경험 강화를 위해 이커머스 플랫폼을 구축해 운영하는 곳이 많다.

매장 픽업

소매 기업은 O2O 전략의 일환으로 온라인으로 주문하고 가까운 매장에서 해당 제품을 수령할 수 있는 서비스를 제공한다. 매장 방문 시 슈퍼앱은 사용자의 위치를 파악해 가까운 매장을 추천하거나, 매장에서 쿠폰을 발급해 할인 혜택을 제공하는 등 매장 방문을 유도한다.

구독 서비스

고객의 구매에 대해 보상하고 재구매를 장려하기 위해 유료 구독 서비스를 제공한다. 구독 서비스를 이용하는 고객은 추가 할인, 무료 배송, 무료 콘텐츠 등의 혜택을 받을 수 있다.

고객 지원

소매 업계의 슈퍼앱에 통합되는 대상으로 고객 지원도 있다. 소매 기업의 슈퍼앱에는 고객이 구매 및 계정 관리에 대한 도움을 받을 수 있는 챗봇 및 라이브 채팅 등의 고객 지원 기능이 포함된다.

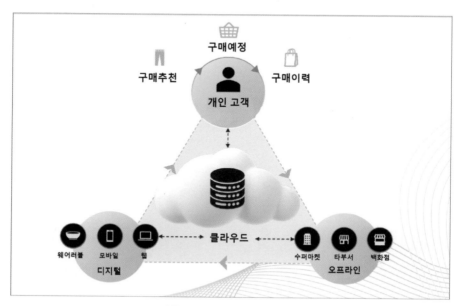

소매 부문의 디지털 전환(출처: Digital X1)

한편, 소매 기업은 고객을 위한 슈퍼앱과 함께 파트너를 위한 슈퍼앱도 제공한다. 소매 기업 중 디지털 전환 수준이 높은 곳은 B2B 구매 앱을 파트너에게 제공한다. 이 앱을 통해 소매 기업은 필요 제품을 구매하고, 인보이스를 관리하고, 주문 및 결제를 처리한다. 대표적인 소매 기업 B2B 구매 앱으로는 알리바바닷컴(Alibaba.com), 아마존 비즈니스(Amazon Business), 월마트 마켓플레이스(Walmart Marketplace) 등이 있다.

의료: 의료 기관과 스타트업이 주도

병원이나 건강 관리 서비스 관련 기관에서 슈퍼앱에 관심을 두는 것은 슈퍼앱을 통해 새로운 시장을 개척하고 환자들에게 더 나은 의료 서비스를 제공할 수 있는 기회를 얻게 될 것이라고 보기 때문이다. 의료 분야의 슈퍼앱은 개발 주체가 병원과 스타트업으로 나뉜다. 병원은 오래 전부터 진료 예약, 의료 기록 접근, 처방전 주문, 의료 서비스 제공자와의 커뮤니케이션 등 환자 개인의 의료 요구 사항을 관리할 수 있는 원스톱 솔루션 형태의 모바일 앱을 개발했다. 병원의 슈퍼앱은 기존 모바일 앱들을 통합하는 가운데 예약, 약물 리필 및 후속 치료에 대한 알림과 리마인더 같은 더 나은 의료 서비스 경험을 제공하는 기능이 강화될 전망이다.

건강 관리 분야의 슈퍼앱 개발은 스타트업이 주도하고 있으며, 몇 가지 예로 인도의 프랙토(Practo), 미국의 조독(ZocDoc), 영국의 바빌론 헬스(Babylon Health) 등이 있다.

- **프랙토**: 환자에게 진료 예약, 의약품 주문, 건강 기록 접근, 의사와 온라인 상담 등 다양한 의료 서비스를 제공한다.
- **조독**: 환자가 다른 이들의 리뷰를 참조해 가까운 곳에 위치한 실력 있는 의사 및 의료 기관을 찾아 예약 또는 원격 진료 등을 받을 수 있는 기능을 제공한다.

- **바빌론 헬스:** 건강 코칭, 정신 건강 지원, 처방약 배송 서비스 등의 기능을 탑재한 앱을 개발했다.

건강 관리 분야의 모바일 앱은 이커머스, 음식 배달, 금융 등 연관 분야의 기능을 갖추는 쪽으로 진화하고 있다.

이커머스
슈퍼앱에는 사용자가 앱 내에서 의료 서비스 및 관련 제품을 구매할 수 있는 이커머스 기능이 구현되어 있다.

음식 배달
당뇨 등의 질병으로 인해 식단 관리가 필요한 환자를 위한 맞춤형 음식 배달 서비스를 앱으로 제공할 수 있다.

금융
결제나 보험 같은 금융 서비스 기능도 제공할 수 있다.

항공: 항공사와 여행사가 주도

항공 업계에서 슈퍼앱 전략은 크게 두 가지로 나뉜다. 바로 항공사가 제공하는 슈퍼앱과 항공사 외의 여행 서비스 업체가 제공하는 슈퍼앱이다.

항공 업계의 슈퍼앱 전략① 항공사가 제공하는 슈퍼앱

항공사 슈퍼앱은 항공편 예약, 탑승 수속, 출입국 절차 등의 서비스를 한곳에서 제공하여 여행자들의 이용성과 편의성을 높인다. 항공사 슈퍼앱의 목표는 항공권 예약부터 호텔 예약, 렌터카, 현지 정보에 대한 접근까지 사용자에게 원활한 여행 경험을 제공하는 것이다. 다음은 항공사 슈퍼앱에 포함되는 주요 기능이다.

항공편 예약

항공사 슈퍼앱을 통해 사용자는 여러 항공사의 항공편을 예약하고, 가격과 스케줄을 비교하고, 항공편에 대한 실시간 업데이트를 받을 수 있다. 또한 항공사 슈퍼앱은 사용자 선호도를 저장해 이전 여행 기록을 기반으로 개인화된 추천을 제공할 수 있다.

호텔 예약

슈퍼앱은 사용자 선호도와 예산에 따라 호텔을 검색하고 예약하는 기능을 제공한다. 또한 객실 공실률, 가격, 편의시설에 대한 실시간 정보도 제공할 수 있다.

지상 교통

슈퍼앱은 렌터카, 차량 공유, 대중교통과 같은 지상 교통 서비스에 대한 안내 서비스를 제공할 수 있다.

지역 정보

슈퍼앱은 지역 명소, 이벤트, 레스토랑에 대한 정보를 제공하여 사용자가 여행 일정을 계획하고 여행을 최대한 활용할 수 있도록 도와준다.

로열티 프로그램

항공사 슈퍼앱은 항공사 로열티 프로그램과 통합하여 사용자가 항공권, 호텔 예약 및 기타 여행 서비스 관련 포인트를 적립하고 사용할 수 있도록 지원한다.

항공사 슈퍼앱의 주요 사례를 알아보자면 에미레이트(Emirates) 항공과 에어아시아(AirAsia)는 다음과 같은 편의를 제공하고 있다.

- **에미레이트 항공**: 항공편 예약, 호텔 예약, 지상 교통편 안내, 여행 관련 서비스, 실시간 항공편 업데이트, 항공사 로열티 프로그램 등을 하나의 앱으로 이용할 수 있는 편의를 제공한다.
- **에어아시아**: 앱을 통해 항공편, 호텔, 지상 교통편을 예약할 수 있다. 또한 에어아시아는 이벤트, 명소, 레스토랑에 대한 현지 정보를 제공하며 로열티 프로그램과 가상 비서 기능도 앱에 통합했다.

에어아시아의 슈퍼앱 전략(출처: The Fifth Person)

항공 업계의 슈퍼앱 전략② 여행사 및 여행 서비스 업체가 제공하는 슈퍼앱

항공 업계의 두 슈퍼앱 전략 중 다른 하나는 여행 서비스를 제공하는 슈퍼앱이다. 항공사가 아닌 여행사나 여행 서비스 업체들은 항공 예약뿐만 아니라 숙박, 식사, 교통 등의 여행 서비스를 한곳에서 제공하는 슈퍼앱 서비스를 제공한다. 예를 들어 익스피디아(Expedia), 아고다(Agoda), 에어비앤비(Airbnb) 등은 여행에 필요한 다양한 서비스를 제공한다. 이러한 슈퍼앱은 여행자들이 여행 계획을 세우고 예약하는 데 큰 도움을 준다.

최근에는 항공사나 여행 서비스 업체뿐만 아니라 항공권 비교 검색 업체들도 슈퍼앱 서비스를 제공하기 시작하고 있다. 예를 들어 스카이스캐너(Sky scanner)와 모몬도(Momondo)는 항공편 예약뿐만 아니라 숙박, 렌터카 등의 여행 서비스를 제공하고 있다.

공공 및 정부의 슈퍼앱: 차세대 디지털 전자정부의 핵심인 슈퍼앱

세계 각국의 전자정부 서비스는 시민들이 한층 더 편리하고 원활하게 정부와 상호작용할 수 있도록 다양한 정부 서비스와 정보를 단일 플랫폼에 통합하는 식으로 슈퍼앱 전환을 향해 나아갈 것으로 보인다. 공공 서비스의 슈퍼앱 전환은 프로세스를 간소화하고 행정 부담을 줄이며 시민에게 개인화된 서비스를 적시에 제공하여 전자정부 서비스의 효과와 효율성을 개선하는 데 도움이 될 수 있다. 또한 슈퍼앱은 사용자에게 피드백을 제공하고 정보에 액세스할 수 있는, 더욱 접근하기 쉽고 편리한 방법을 제공하여 정부 의사결정에 대한 시민의 관심과 참여를 높이는 데 도움이 될 수 있다. 더불어 슈퍼앱은 시민들에게 정부 뉴스와 정책에 대한 실시간 업데이트를 제공하여 정부 서비스 제공의 투명성과 책임성을 개선하는 데에도 도움이 될 수 있다.

기술적으로 보자면 정부 및 지자체의 공공 서비스 앱은 통합의 과정을 거치며 슈퍼앱으로 진화할 가능성이 있다. 세계 각국은 전자정부 서비스를 다양한 모바일 앱으로 제공하고 있다. 몇 가지 예를 살펴보자.

- **싱패스:** 싱가포르 정부는 '싱패스(SingPass)'라는 앱으로 통합 인증 및 디지털 서명 서비스를 제공한다. 싱가포르 시민 및 거주자는 이를 통해 정부 기관, 은행, 건강보험 등 다양한 곳에서 인증 및 서명을 할 수 있다.
- **마이USCIS:** 북미 지역에서는 '마이USCIS(MyUSCIS)'라는 앱을 제공한다. 이 앱은 미국 이민국(USCIS)에서 제공하는 모든 서비스를 하나의 앱으로 통합한 것으로, 이민 신청서 제출, 온라인 상담, 서류 제출 등 이민 관련 서비스를 원스톱으로 이용할 수 있다.
- **MeuGov.br:** 남미 지역에는 브라질 정부에서 제공하는 'MeuGov.br'이라는 공공 서비스 앱이 있다. 이를 이용하면 예방 접종 일정 확인, 세금 신고, 운전 면허증 발급 등 다양한 서비스를 이용할 수 있다.

한편, 슈퍼앱 개발에 적극적인 국가의 공통점은 전자정부에 오랜 기간 투자하는 과정 없이 슈퍼앱을 이용해 바로 공공 서비스 혁신에 나선다는 것이다.

대표적인 예로 필리핀과 라오스를 꼽을 수 있다.

- **필리핀 정보통신기술부:** 필리핀 정보통신기술부(DICT)는 2022년 말에 전자정부 슈퍼앱을 출시 계획을 밝혔다. 필리핀 정부의 목표는 455개 정부 기관 중 약 175개의 웹 사이트에 접속해야 발급할 수 있는 허가증, 신분증, 증명서, 기타 거래 등 여러 문서 발급을 포함한 정부 서비스를 슈퍼앱 하나로 이용할 수 있게 하는 것이다. 이를 위해 API 중심으로 전자정부 서비스를 통합하고, 국민이 여러 사이트와 앱을 오가지 않고 하나의 슈퍼앱에서 모든 기관의 서비스에 접근할 수 있게 할 방침이다. 또한, 정부 산하 기관 및 다양한 외부 조직과 파트너십을 맺고 일자리, 관광, 농업, 뉴스, 결제, 전자상거래, 교통 등의 기능을 미니앱으로 구현해 전자정부 슈퍼앱의 기능을 확대해 나갈 계획이다.

- **라오스 정부:** 라오스 정부는 UN 개발 프로그램(UNDP)과 파트너십을 통해 전자정부 슈퍼앱 개발에 나서고 있다. 라오스 정부의 목표는 국가 포털 및 주요 공공 기관의 전자 서비스를 전자정부 슈퍼앱에 통합하여 시민에게 양질의 공공 서비스를 제공하는 것이다. 이를 통해 시민들이 공공 기관에 일일이 방문하지 않고도 각종 민원을 처리할 수 있도록 한다는 방침이다.

전자정부 서비스(출처: KOBIL)

QUEST

06

|

슈퍼앱 왕좌의 게임:
국내 동향

DIGITAL X1

한국 슈퍼앱 시장은 빠르게 성장하고 있으며 여러 주요 업체들이 시장 점유율을 놓고 경쟁하고 있다. 소매, 금융, 통신, 자동차, 스타트업 등 다양한 분야에서 여러 방식으로 슈퍼앱 전략을 실행에 옮기고 있다. 주요 기업의 슈퍼앱 전략은 '자체적으로 앱 기능을 확장하는 것'과 '외부에서 역량 강화 방안을 찾는 것'으로 나뉜다. 후자는 다음과 같이 인수합병이나 파트너십 체결, 투자 등을 통해 부족한 부분을 외부에서 채우는 것을 뜻한다.

인수합병
서비스를 확장하고 더 많은 사용자에게 도달하기 위해 상호보완적인 관계에 있는 서비스 기업을 인수하는 것을 예로 들 수 있다.

파트너십
기업들은 고객에게 더 다양한 서비스를 제공하기 위해 다른 기업과 API 중심의 전략적 제휴를 체결하고 있다.

투자
투자의 주요 대상은 스타트업이다. 기업들은 슈퍼앱에 통합할 수 있는 새로운 기술과 서비스를 개발하는 스타트업에 투자하고 있다.

카카오 vs. 네이버: 빅테크 기업의 대결

카카오와 네이버는 국내 최대 빅테크 기업으로 사용자에게 다양한 서비스와 콘텐츠를 제공한다. 양 사 모두 다양한 서비스를 통합하여 슈퍼앱 전략을 구체화하고 있다.

1) 카카오: 모바일 앱(카카오톡) 기반 서비스 통합
카카오의 슈퍼앱 전략의 중심에는 '카카오톡'이 자리하고 있다. 카카오톡은 메시징, 소셜 네트워킹, 이커머스, 금융, 교통 등 다양한 서비스를 단일 앱으로 제공한다.

메시징
사용자는 문자, 사진, 동영상, 음성 메시지, 파일 등을 주고받을 수 있다.

소셜 네트워킹
사용자는 카카오톡의 인스턴트 메시징, 음성 및 영상 통화, 그룹 채팅을 통해 친구 및 가족과 소통할 수 있다. 또한 카카오톡은 프로필 커스터마이징, 스티커, 게임 등 다양한 소셜 네트워킹 기능도 제공한다.

이커머스
카카오톡은 사용자에게 온라인 쇼핑, 음식 배달, 티켓 예약 등 다양한 이커머스 서비스를 제공한다. 또한 스마트폰으로 결제 및 송금할 수 있는 모바일 결제 서비스 '카카오페이' 기능도 탑재하고 있다.

금융
카카오톡은 모바일 뱅킹, 주식 거래, 보험 등 다양한 금융 서비스와 금융 관련 뉴스 등의 콘텐츠도 제공하고 있다.

교통
카카오톡은 차량 호출, 대중교통 등 다양한 교통 서비스와 통합되어 있다. 사용자는 이와 더불어 실시간 교통 정보와 내비게이션 기능도 이용할 수 있다.

B2C 기능을 제공하는 슈퍼앱과 함께 카카오는 클라우드와 AI 기반 통합 물류 생태계 플랫폼인 '카카오 i라스'로 B2B 슈퍼앱 시장에도 진출하고 있다. i라스 앱을 이용하면 이커머스 사이트나 매장에서 물건을 파는 사업자와 물류 센터 및 화주가 디지털 공간에서 서로의 필요에 맞는 조건을 찾아 거래할 수 있다. 카카오는 i라스를 물류 분야의 에어비앤비로 만드는 전략을 구상 중이다.

이 외에도 카카오는 한국 POS 결제 시장의 40%를 점유하고 있는 OKPOS에 지분 투자를 하며 온라인을 넘어 오프라인 결제 시장 진출 가능성을 열었다.

카카오 i라스 앱

2) 네이버: PC와 인터넷 기반 서비스 통합

네이버의 슈퍼앱 전략은 카카오톡과는 결이 다르다. 카카오는 출발점이 모바일 앱이므로 여러 모바일 앱을 단일 앱 환경으로 통합하는 데 있어 해결해야 할 기술 부채(Technical Debt) 문제가 상대적으로 적은 편이다. 반면에 네이버는 PC와 인터넷 시대부터 쌓아 온 다양한 서비스 기반이 존재한다. 따라서 현재 네이버는 모바일 네이티브 서비스를 중심으로 기존 인터넷 시대에 구축한 플랫폼 기반 서비스를 현대화하여 점진적으로 통합하는 접근 방식을 취하고 있다.

검색

네이버 앱은 검색 엔진을 탑재하여 사용자가 뉴스, 날씨, 스포츠 등 다양한 주제에 대한 정보를 찾을 수 있도록 지원하고 있다. 또한 사용자는 음성 명령으로 작업을 수행하는 음성 비서 기능인 '클로바'를 이용할 수 있다.

이커머스

사용자는 온라인 쇼핑 및 음식 배달과 같은 다양한 전자상거래 서비스를 이용할 수 있다. 그리고 '네이버페이'라는 모바일 결제 수단으로 상품이나 서비스 비용을 지불할 수 있다.

금융

네이버 앱은 모바일 뱅킹, 주식 거래, 보험 같은 다양한 금융 서비스와 함께 금융
관련 뉴스 등 각종 콘텐츠를 제공한다.

엔터테인먼트

네이버 앱에서는 음악 스트리밍, 동영상 스트리밍, 웹툰 등 다양한 엔터테인먼트
서비스를 이용할 수 있다.

교통

네이버 지도 기능을 통해 내비게이션, 대중교통 안내, 가게 추천, 예약 주문 등의
편의 서비스를 이용할 수 있다.

금융: 금융지주사와 핀테크 기업이 주도

한국의 금융 시장은 은행, 카드, 보험 등의 전통적인 금융 기관과 토스, 카카
오뱅크 같은 디지털 네이티브 기업 간 경쟁이 치열하다. 전통적인 금융 기관은
디지털 역량이 높은 핀테크, 빅테크 기업과 경쟁하기 위해 디지털 금융 플랫폼
구축과 슈퍼앱 전략 수립에 나서고 있다. 기존 금융권과 달리 디지털 플랫폼이
사업 기반인 핀테크 기업은 '모바일 앱을 이용한 결제, P2P 대출, 온라인 송
금, 자산 및 투자 관리' 같은 새로운 영역을 클라우드, 빅데이터, AI 등의 디지
털 기술로 개척하고 있다.

1) 금융지주사

국내 주요 금융지주사는 은행 주도의 디지털 금융 플랫폼을 구축하고 있다.
디지털 금융 플랫폼 구축 과정은 금융지주사의 다양한 서비스 통합을 목표로
한다. 성공적인 플랫폼 구축 이후의 목표는 외부 파트너 생태계를 구축해 더

많은 잠재 고객에게 서비스를 제공할 수 있는 기회를 만드는 것이다. 그러고 나서 비금융 부문까지 기능을 확대하는 복합형 디지털 금융 플랫폼으로 발전하는 쪽으로 진화 방향을 잡고 있다.

이처럼 점진적인 접근을 하는 이유는 규제 때문이다. 전자금융거래법의 대상인 핀테크 업계와 달리 금융권은 은행법, 금융지주회사법 등 규제 준수 범위가 더 넓다. 따라서 자체 금융 상품을 넘어 외부의 다양한 상품과 서비스를 연계, 연결, 공유하여 새로운 부가가치를 창출하려면 먼저 제도가 개선되어야 하고, 이러한 제도 개선을 위해서는 금융 당국과의 적극적인 협력이 필요하다.

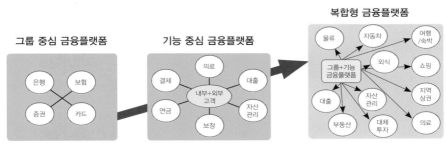

국내 금융 그룹 플랫폼 진화 방향(출처: KDI)

기존 금융권은 금융지주사의 모든 서비스를 하나의 앱으로 제공하는 '원앱' 전략을 추진하고 있다. 국내 4대 금융지주가 내세우는 원앱 전략을 관통하는 키워드는 '새로운 사용자 경험 제공'이다.

- **KB금융그룹:** 2023년 중 KB스타뱅킹과 KB월렛, KB페이를 연계한 '일상 속 금융 플랫폼'으로 자리 잡을 것이라고 밝혔다. 기존 은행 앱에 신분, 증명, 결제 기능을 통합한 슈퍼앱의 출발을 알린 것이다. 여기에 대해 KB금융그룹은 마이데이터 사업 모델을 만들어 새로운 금융 서비스도 출시할 예정이다.
- **신한금융지주:** 데이터 기반의 개인화된 금융 제공을 목표로 '신한 쏠(Sole)' 앱을 중심으로 한 통합을 확대해 나가고 있다.
- **하나금융:** 은행, 주식, 보험, 카드 등 다양한 금융 거래를 개별 앱 다운로드 없이 이용할 수 있도록 고객 편의를 개선하고 있으며 '하나원큐' 앱을 비금융 부문까

지 서비스를 확대할 계획이다.

- **우리금융지주:** 디지털 유니버셜뱅킹 구축을 목표로 슈퍼앱 구축 전략을 추진 중이다. 고객 중심의 UI/UX 제공과 함께 ChatGPT 기반 챗봇 기술 적용, 마이데이터 서비스 결합 등을 선보일 계획이다.

정리하자면 기본 금융권은 BaaS 같은 새로운 비즈니스 전략을 지원하는 디지털 비즈니스 플랫폼을 통해 기존 금융 서비스를 디지털 상품화하여 자체 서비스와 함께 빅테크, 핀테크 같은 다양한 사업 파트너와 제휴를 통해 새롭게 열리는 디지털 금융 시장에 참여하고 있다.

2) 핀테크 기업

금융권의 디지털 금융 플랫폼과 기존 모바일 앱 통합 및 서비스 영역 확장 움직임 못지않게 빅테크 기업의 금융 서비스도 확장의 길을 걷고 있다.

- **네이버:** 네이버는 네이버페이 결제 외에 미래에셋증권과 협력해 네이버파이낸셜을 설립해 은행과 금융 투자 부문에 진출하고 있으며 보험 서비스도 준비 중이다.
- **카카오:** 카카오 역시 카카오페이, 카카오뱅크, 카카오페이증권 서비스를 지속하는 가운데 보험업에 진출하기 위해 디지털 손보사 예비인가를 신청했다.
- **토스:** 핀테크 기업인 토스는 간편 결제를 넘어 토스뱅크, 토스증권, 토스인슈어런스 런칭을 준비하며 종합 디지털 금융 서비스 슈퍼앱으로서 금융 슈퍼앱 경쟁에 참여하고 있다. 은행업과 관련해 카카오뱅크, K뱅크는 '디지털 뱅크(Fully Digital Bank)'로 구분하는 반면, 토스는 여러 금융 기관의 상품을 제공하는 '마켓플레이스 뱅크(Marketplace Bank)'로 분류할 수 있다.

디지털 플랫폼 기반 금융 슈퍼앱(출처: Digital X1)

소매: 간편 결제, 맴버십, OTT로 확장

소매 업계 역시 발 빠르게 슈퍼앱 시장에 뛰어들고 있다. 이 분야는 PC 기반에서 모바일 앱으로, 그리고 빅데이터 기반의 슈퍼앱으로 트렌드가 바뀌고 있다. 소매 업계는 슈퍼앱을 '더 많은 데이터를 수집하고 다양한 이해관계자 간데이터를 융합하여 개선된 추천 및 개인화 서비스를 제공하는 수단이자 창구'로 바라본다. 국내 소매 업계는 온라인 쇼핑을 근간으로 영상 스트리밍, 간편결제 등 다양한 서비스를 제공하는 한편 마이데이터 사업에 참여하고 있다. 또한 선도 기업들은 점진적으로 앱 통합을 시작하고 있다. 소매 업계의 슈퍼앱전략의 공통분모는 간편 결제, 맴버십, OTT이다.

소매 슈퍼앱 전략① 간편 결제

주요 소매 기업은 쿠팡페이, 엘페이, SSG페이 등 간편 결제 서비스를 제공한다. 이를 이용하면 소비자는 신용 카드, 체크 카드, 기프트 카드, 모바일 결제, 현금 결제 등 원하는 방식으로 간편히 결제할 수 있다.

주요 소매 기업은 유료 구독 서비스를 도입하여 고객 이탈 방지와 충성 고객 확보에 나서고 있다.

- **쿠팡:** 2022년 말 기준으로 1,100만 로켓와우 유료 회원을 보유하고 있다.

- **롯데그룹:** 롯데오너스, 엘페이 프리미엄으로 온·오프라인 통합 멤버십 서비스를 제공한다.

- **신세계그룹:** SSG닷컴의 유료 멤버십 구독 서비스를 제공하고 있으며, G마켓 같은 다른 계열사 및 오프라인 채널까지 멤버십 통합을 확대해 나가고 있다. 신세계그룹의 경우 KT와 협력해 멤버십, 물류, 부동산, 스토어 디지털화, 마케팅 부문에서 디지털 생태계를 구축하는 등 외부 파트너까지 멤버십을 확대하고 있다.

소매 업계는 미디어와 커머스 간 시너지를 내기 위해 OTT 서비스 관련 투자를 강화하고 있다.

- **쿠팡:** 2020년 12월 쿠팡플레이를 출시했다. 쿠팡의 OTT 전략은 쿠팡 로켓와우 멤버십 회원에게 무료로 서비스를 제공하는 것이다. 이를 통해 쿠팡 로켓와우 멤버십의 가치를 높이는 동시에 가입자 기반을 확대하는 것을 전략적 목표로 삼고 있다. 다른 OTT와의 차별화를 위해 쿠팡플레이는 스포츠 콘텐츠에 집중하여 차별화 전략을 취하고 있다.

- **롯데그룹:** 롯데쇼핑이 초록뱀미디어에 투자한 바 있고 2023년 초에는 롯데 그룹의 왓챠 인수설이 돌기도 했다.

- **신세계그룹:** 미디어 콘텐츠 법인인 마인드마크 설립과 드라마 제작사인 스튜디오329 인수 등 드라마와 커머스 연계에 투자를 확대하고 있다. SSG닷컴은 SSG.Live라는 라이브 커머스 채널을 운영 중이다. 신세계그룹이 2023년 4월에 콘텐츠 제작사인 스튜디오S를 인수한 것으로 미루어 보아 향후 이커머스에 OTT를 접목할 가능성이 크다.

이처럼 소매 업계가 OTT에 관심을 보이는 이유는 데이터에 있다. OTT는 단순히 유료 멤버십 구독을 위한 미끼가 아니다. OTT는 소비자의 라이프스타일 및 취향 분석에 도움이 되는 데이터 수집 창구 역할을 한다. 단순 광고를 넘어 이제는 데이터 수집과 분석을 통해 더 나은 개인화 서비스를 제공하기 위해 미디어와 콘텐츠의 융합을 꾀하고 있다.

자동차: 모빌리티 시장 개척을 시작한 현대·기아자동차

슈퍼앱 시장에 큰 관심을 보이는 곳은 빅테크, 금융, 소매 업계이다. 이들 업계의 공통점은 거대한 사용자층을 바탕으로 비즈니스를 한다는 것이다. 온라인과 오프라인 일상 점유자를 목표로 업계 간 경계 없는 경쟁과 합종연횡이 이루어지는 이유다. 이 경쟁에 모빌리티 기업으로 변신을 꾀하는 현대·기아자동차도 참여를 선언하고 있다.

현대·기아자동차의 SDV 관련 행보는 소프트웨어 중심의 자동차 개발, 모빌리티 서비스 다양성 확대, 하이퍼커넥티드 자동차 개발로 요약할 수 있다.

현대·기아자동차의 SDV 행보① 소프트웨어 중심의 자동차 개발

소프트웨어 중심 자동차 개발은 센서, 제어(ECU), 인터페이스 등 다양한 영역에 소프트웨어 기술을 활용해 자동차의 안전성, 효율성, 편의성을 개선하는 것을 목표로 한다.

현대·기아자동차의 SDV 행보② 모빌리티 서비스 다양성 확대

모빌리티 서비스 확대의 경우 전에는 볼 수 없었던 수준의 다양한 경험을 제공하는 것을 목표로 한다. 예를 들어 탑승자들이 목적지로 이동하면서 쇼핑을 하거나, 식당 예약을 하거나, 예지 기반 정비 및 실시간 주행 정보를 토대로 모터 토크 설정을 최적화하여 주행 성능을 개선하는 등의 서비스를 이용할 수 있게 될 전망이다.

이와 관련해 현대·기아자동차는 북미 지역에서 선보인 현대페이, 기아페이와 비슷한 간편 결제 서비스를 2023년 현대페이라는 이름으로 한국에서도 서비스할 것이라는 계획을 발표했다. 현대·기아자동차는 현대페이를 단순 결제가 아니라 통합된 형태의 전자지갑 서비스로 구상 중이라고 밝혔다. 간편 결제와 전자지갑 서비스 출시 소식은 현대·기아자동차가 SDV 분야의 슈퍼앱 제작에 첫발을 내디딘 것으로 풀이할 수 있다.

현대·기아자동차의 SDV 행보③ 하이퍼커넥티드 자동차 개발

마지막으로 현대·기아자동차는 하이퍼커넥티드 자동차 개발을 위한 전략을 추진하고 있다. 하이퍼커넥티드 자동차는 다양한 디바이스와 연결되어 인터넷을 통해 데이터를 주고받으며, AI 기술을 활용하여 사용자들에게 다양한 서비스를 제공한다. 이를 위해 현대자동차는 자율 주행 기술과 AI 기술을 융합하여 하이퍼커넥티드 자동차 개발에 박차를 가하고 있다.

스타트업: 새로운 장르 개척

모바일 앱을 기반으로 서비스를 제공하는 모든 스타트업은 각 분야의 슈퍼앱을 꿈꾼다. 한국의 경우 금융, 중고 거래, 교육, 의료 등 다양한 분야에서 유니콘 기업으로 성장한 스타트업들이 각자의 분야에서 슈퍼앱 전략을 밀고 나가고 있다. 기업들의 슈퍼앱 여정을 알아보자.

1) 토스 '대한민국 핀테크 대표 서비스'

토스는 대한민국 핀테크 대표 서비스다. 빅데이터 분석 플랫폼 서비스인 모바일 인덱스에 따르면 2022년 6월 기준 토스의 월 이용자 수는 1,427만 명으로 금융 부문 1위다.

토스의 인기 비결은 다양한 금융 서비스 이용 편의성이다. 토스 앱은 금융 기관의 앱보다 여러 면에서 사용자 친화적이다. 가입 절차, 본인 인증 등에서 차별화된 사용자 경험을 제공하는데, 이런 편의성은 서비스의 다양성과 시너지를 낸다. 토스 앱 하나만 설치하면 송금, 증권, 보험, 은행 서비스를 간편하게 이용할 수 있다. 여기에 더해 토스는 여러 금융 기관의 상품과 정보를 단일 앱에서 제공한다. 이처럼 남다른 편의성과 다양성 제공을 통해 토스는 금융 슈퍼앱으로 한걸음씩 성장하며 수익성을 높여 가고 있다.

2) 당근마켓 'P2P 마켓플레이스 부문에서 출발한 슈퍼앱'

당근마켓은 P2P 마켓플레이스 부문에서 출발한 슈퍼앱으로, 2022년 5월 기준 월 이용자 수가 1,800만 명을 넘어서고 있다.

당근마켓은 특정 지역 내 이용자에게 상품이나 서비스를 제공하는 하이퍼로컬(Hyperlocal) 유형의 슈퍼앱이다. 당근마켓은 동네 주민들이 중고품을 직거래할 수 있는 서비스를 시작으로 사업을 확장했다. 이후 사용자가 늘면서 자연스럽게 커뮤니티 문화가 조성되자 당근마켓은 이웃과 운동 및 취미 생활을 함께할 수 있는 채널을 오픈했다. 또한, 물건에서 능력으로 거래를 확장한 '당근알바'를 선보이고, '당근페이', '당근지도' 등으로 영역을 확장했다.

3) 닥터나우 '의료 부분 업계 1위'

의료 부문에서는 업계 1위인 닥터나우가 슈퍼앱에 도전하고 있다. 비대면 진료 플랫폼을 표방하며 등장한 닥터나우는 병원 예약, 건강 검진, 개인 건강 기록, 영양제, 맞춤형 건강 보험 등 의료 부문의 B2C 슈퍼앱을 추구한다. 2022년 2월 기준 월 이용자 수는 41만 명 수준으로 생활 밀착형 앱에 비하면 사용자 수가 크지 않다.

닥터나우는 '사회적 거리 두기' 종료로 비대면 진료에 대한 관심이 예전 같지 않은 점을 고려해 비대면 진료 외에도 약 배달, 실시간 의료 상담, 전화 진료 등 의료 전반을 아우르는 쪽으로 서비스를 확대해 나갈 계획이다. 이를 위한 일환으로 건강 비서, 클리닉, 파인드 등의 디지털 헬스케어 앱을 개발한 스타트업인 스터즈 컴퍼니를 인수했다.

4) 리멤버 '명함 관리 종합 비즈니스 플랫폼'

명함 관리에서 종합 비즈니스 플랫폼인 리멤버도 슈퍼앱으로의 진화 계획을 밝혔다. 리멤버는 회사가 보유한 3억 장의 명함 정보와 120만 개의 기업 메타데이터를 활용해 채용, 커뮤니티, 광고, 컨텐츠 등 서비스 범위를 확대하고 있다. 더불어 슈퍼앱으로 진화하는 데 필요한 데이터를 갖고 있는 기업을 대상으로 한 인수합병도 적극적으로 모색하고 있다.

5) 직방 '부동산 부문 1등 중계 플랫폼'

부동산 부문에서는 1등 중계 플랫폼인 직방이 슈퍼앱의 길을 걷고 있다. 직방의 비전은 부동산(Property)과 기술(Technology)의 합성어인 '프롭테크(Proptech)' 부문의 슈퍼앱이 되는 것이다. 프롭테크는 데이터 분석, AI, 가상현실, 블록 체인 등 디지털 기술을 활용해 부동산 관련 서비스를 제공하는 비즈니스를 뜻하며, 서비스 범위에는 부동산 중계, 부동산 관리, 투자 및 금융 서비스 등이 속한다. 직방은 프롭테크 역량을 높이기 위해 네모, 호갱노노, 삼성 SDS의 홈IoT 부문 등 인수합병을 이어 가고 있다.

6) 유니콘 기업 현황

유니콘 기업으로 성장했거나 커가고 있는 스타트업들은 전략적 방향과 실행 방법에 차이를 보이기는 하지만 사용자들의 디지털 일상에 큰 영향을 끼치고, 많은 시간을 함께할 수 있는 생활 플랫폼이 되고자 하는 목표에는 큰 차이가 없다고 볼 수 있다. 한편, 유니콘 기업에 이름을 올린 기업 중 슈퍼앱 기업에 비즈니스 기반을 제공하는 '메가존 클라우드' 같은 클라우드 서비스 전문 기업이 포함된 것도 주목해 봐야 할 현상이다.

기업명	분야	CB인사이트	현재 유니콘 기업	비고
옐로모바일	모바일	○	○	–
엘앤피코스메틱	화장품	○	○	–
두나무	핀테크	○	○	–
비바리퍼블리카	핀테크	○	○	–
야놀자	O2O 서비스	○	○	–
위메프	전자상거래	○	○	–
지피클럽	화장품	○	○	–
무신사	전자상거래	○	○	–
에이프로젠	바이오	○	○	–
쏘카	카쉐어링	○	○	–
컬리	신선식품 배송	○	○	–
직방	부동산중개	○	○	–
버킷플레이스	전자상거래	○	○	–
리디	콘텐츠 플랫폼	○	○	–
아이지에이웍스	빅데이터 플랫폼	○	○	2022년 신규
A사(기업명 비공개)	도·소매업	×	○	–
티몬	소셜커머스	×	○	–
당근마켓	전자상거래	×	○	–
빗썸코리아	핀테크	×	○	–
메가존클라우드	클라우드 서비스	×	○	2022년 신규
여기어때컴퍼니	O2O 서비스	×	○	2022년 신규
오아시스	신선식품 새벽배송	×	○	2022년 신규
시프트업	모바일 게임 개발	×	○	2022년 신규
우아한 형제들	O2O 서비스	△	×	M&A
CJ게임즈	게임	△	×	M&A

쿠팡	전자상거래	△	×	IPO(美, NYSE)
크래프톤	게임	△	×	IPO(코스피)
하이브	엔터테인먼트	×	×	IPO(코스피)
카카오게임즈	게임	×	×	IPO(코스닥)
더블유게임즈	게임	×	×	IPO(코스피)
펄어비스	게임	×	×	IPO(코스닥)
잇츠한불	화장품	×	×	IPO(코스피)
32개		15개	23개	–

※ (참고) △: 과거 CB인사이트에 유니콘 기업으로 등재됐으나 제외된 기업

—

슈퍼앱 필승 전략

DIGITAL X1

생태계 구축하기

슈퍼앱은 다양한 업종에 걸쳐 광범위한 서비스와 기능을 위한 단일 플랫폼을 제공하여 업종 간 경계를 넘어서는 통합자 역할을 하고 있다. 슈퍼앱은 '수평적 통합(Horizontal Integrator)' 또는 '수직적 통합(Vertical Integrator)' 업체로 시장 참여자를 구분할 수 있다. 수평적 통합을 추구하는 업체는 다양한 업종에 걸쳐 광범위한 서비스를 제공한다. 반면에 수직적 통합에 집중하는 업체는 해당 업종 내에서 심도 있는 서비스를 제공하는 데 주력한다. 따라서 수평적 통합 업체와 수직적 통합 업체의 생태계 구축 전략은 서로 다르다.

수평적 통합 업체는 일반적으로 자사 서비스와 상호보완적인 서비스를 제공할 수 있는 파트너 생태계를 구축하는 데 중점을 둔다. 이를 통해 사용자에게 한층 더 포괄적인 서비스를 제공하고 경쟁사와 차별화할 수 있다. 반면에 수직적 통합 업체는 일반적으로 사용자 생태계를 구축하는 데 집중한다. 이를 통해 사용자에 대한 데이터를 수집하고 해당 데이터를 사용하여 서비스를 개선한다.

1) 수평적 통합 기반 생태계

수평적 통합을 추구하는 슈퍼앱은 다양한 업종에 걸쳐 광범위한 서비스와 기능을 하나의 앱에 녹인다. 예를 들어 메시징, 결제, 이커머스, 차량 호출, 음식 배달 서비스를 제공하는 슈퍼앱은 다양한 업종에 걸쳐 서비스를 통합하는 수평적 슈퍼앱이라 할 수 있다. 사용자는 하나의 앱에서 다양한 서비스와 기능을 손쉽게 이용할 수 있는 사용자 경험을 체험할 수 있다.

수평적 통합자 슈퍼앱은 번들링과 언번들링으로 유형을 분류할 수 있다. 번들링(Bundling)은 단일 앱 내에서 다양한 서비스와 기능을 제공하는 것을 말한다. 이 접근 방식을 사용하면 사용자가 단일 플랫폼에서 다양한 서비스와 기능에 접근할 수 있어 더욱 원활하고 통합된 사용자 환경을 만들 수 있다. 번들형 슈퍼앱의 예로 위챗과 그랩을 꼽을 수 있다.

- **위챗:** 위챗은 메시징, 소셜 미디어, 결제, 이커머스, 게임 등 다양한 서비스를 제공하며 디지털 경제 환경에서 다양한 산업의 경계를 허물고 있다.
- **그랩:** 그랩은 차량 호출, 음식 배달, 결제, 금융 서비스 등 기존에는 경계가 분명하던 서비스를 단일 앱에서 이용할 수 있는 사용자 경험을 제공한다.

이와 다르게 언번들링(Unbundling)은 슈퍼앱이 다양한 서비스와 기능을 각각의 독립형 앱으로 제공하는 전략이다. 이 접근 방식을 통해 사용자는 단일 앱 내에서 너무 많은 옵션에 압도되지 않고 특정 서비스 및 기능에 직관적으로 접근할 수 있다. 언번들링을 할 경우 슈퍼앱은 특정 사용자 세그먼트에 맞게 각 서비스를 최적화할 수 있다. 언번들링 슈퍼앱의 예로는 고젝과 페이티엠이 있다.

- **고젝:** 차량 호출, 음식 배달, 결제, 금융 서비스 등 여러 서비스를 별도의 앱으로 제공한다.
- **페이티엠:** 페이티엠도 결제, 이커머스, 금융 서비스, 엔터테인먼트 등을 통해 수평적 통합자 역할을 하고 있다.

2) 수직적 통합을 기반으로 한 생태계 전략

한편, 슈퍼앱 중에는 단일 업종 또는 특정 산업 내에서 다양한 서비스와 기능을 수직적으로 통합하는 식으로 생태계를 구축하는 유형이 있다.

예를 들어 은행, 보험, 투자 등 다양한 금융 서비스를 제공하는 핀테크 슈퍼앱은 금융 서비스 업종 내에서 서비스를 통합하므로 수직적 통합의 유형으로 분류할 수 있다. 한국의 토스가 이런 유형의 접근을 하는데, 마켓플레이스 뱅킹 전략을 통해 다양한 금융 상품을 통합하여 제공한다.

넷플릭스와 같은 OTT도 수직적 통합을 기반으로 사용자 생태계를 구축하는 예라 볼 수 있다.

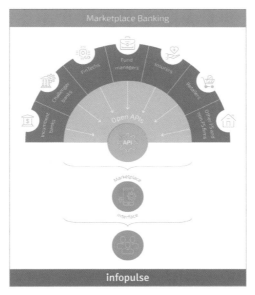

마켓플레이스 뱅킹(출처: infopuls)

데이터를 핵심 자산으로 가치 사슬 만들기

산업화 시대에는 경쟁 우위 확보를 위해 수직적 통합이 중요했고, 그 당시 수직적 통합의 핵심은 공급망이었다. 오늘날 디지털 경제 시대에도 수직적 통합의 전략적 가치는 유효하지만 이전과 달리 디지털 시대의 수직적 통합의 핵심은 공급망이 아니다. 디지털 환경에서의 수직적 통합은 바로 '데이터의 흐름 속에 가치가 창출되는 것'을 뜻한다. 이런 환경에서 가치 사슬의 제일 꼭대기에 있는 슈퍼앱은 모든 소비자와의 접점에서 생성되는 데이터 흐름 속에서 가치를 창출하고 극대화한다. 접점은 슈퍼앱 그 자체가 될 수도 있고, 제휴 관계에 있는 파트너가 될 수도 있고, 공공 서비스가 될 수도 있다. 슈퍼앱은 수직적 통합의 여정에서 데이터 중심의 가치 사슬을 형성해 영향력을 확대해 나간다.

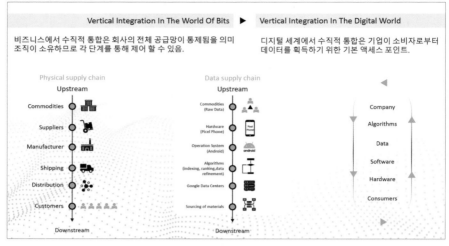

전통적 산업과 디지털 경제 환경에서의 수직적 통합의 개념 비교(출처: Digital X1)

슈퍼앱의 일반적인 가치 사슬은 '사용자 확보 → 사용자 참여 → 결제 처리 → 서비스 제공 → 데이터 분석 → 사용자 확보'라는 선순환 구조의 흐름으로 이어진다. 이 과정에서 데이터가 생성, 가공, 분석, 활용된다. 이것이 바로 슈퍼앱이 추구하는 '데이터 중심의 가치 사슬' 측면의 수직적 통합 전략이다.

사용자 확보

슈퍼앱은 광고, 마케팅, 입소문 등을 통해 앱 다운로드를 늘리고 차별화된 서비스를 통해 앱 사용 시간과 입소문을 늘려 사용자 기반을 확대한다.

사용자 참여

슈퍼앱은 정교한 추천, 개인화 서비스, 콘텐츠 및 커뮤니티 등을 통해 사용자 참여를 유도한다.

결제 처리

슈퍼앱은 신용 카드, 체크 카드, 계좌 이체 등 다양한 결제 수단을 간편 결제 방식으로 이용할 수 있는 편의를 제공한다. 사용자는 번거로운 결제 정보 입력이나 본인 확인 절차 없이 원하는 상품이나 서비스를 구입할 수 있다.

서비스 제공

슈퍼앱은 계속해서 새로운 상품과 서비스를 추가한다. 새로운 기능이나 상품은 내부에서 직접 개발하는 경우도 있지만 제휴 관계에 있는 파트너의 상품이나 서비스를 화이트 라벨링 방식으로 제공할 수도 있다.

데이터 분석

슈퍼앱은 일반적인 앱보다 사용 시간이 길다. 사용자가 여러 기능을 오가며 서비스를 이용할 때 모든 과정은 데이터로 남겨진다. 슈퍼앱은 이 정보를 수집해 분석 및 AI 모델 훈련과 추론을 위한 자산으로 활용하여 더욱 정밀한 추천과 개인화 서비스를 제공한다.

위에서 소개한 가치 사슬을 토대로 통합을 추구하는 예로는 카카오를 꼽을 수 있다. 카카오는 자사의 여러 서비스를 토대로 통합을 추진하고 있다.

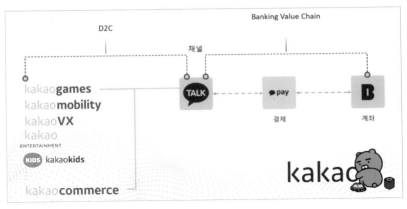

카카오의 금융 부문 수직적 통합 접근(출처: Digital X1)

외부 파트너와의 협력을 통한 가치 사슬 확장

슈퍼앱의 가치 사슬 창출은 자사 서비스로만 가능한 것이 아니다. 슈퍼앱은 독자적으로 모든 서비스를 제공하기도 하지만 다양한 기업과 서비스 제공

업체가 플랫폼 내에서 API를 통해 데이터 및 서비스 연결 관련 협력을 하며 가치 사슬을 확장하기도 한다. 애플리케이션을 구축하기 위한 프로토콜 및 도구 세트인 API를 통해 슈퍼앱 기업과 여러 제휴사는 서비스를 연계한다. 슈퍼앱 생태계는 다양한 상품과 서비스를 화이트 라벨 방식으로 교차 판매한다. 이는 경쟁 측면이 아니라 더욱 많은 채널을 통해 상품과 서비스에 대한 고객 접점을 확보하려는 협력으로 보아야 한다.

개방성을 바탕으로 한 가치 사슬의 확장을 잘 보여 주는 예가 임베디드 뱅킹(Embedded Banking)이다. 한국에서는 BaaS(Banking As A Service)라는 용어로도 불리는 개념인 임베디드 뱅킹은 은행의 본업이자 핵심 상품이라 할 수 있는 계좌 생성, 입금, 출금 및 기타 뱅킹 서비스를 화이트 라벨 방식으로 제공하는 플랫폼 기반 서비스이다. 은행 관련 상품 제공이 필요한 핀테크나 슈퍼앱의 경우 임베디드 뱅킹 제공 업체를 선택한 다음 해당 업체가 제공하는 API를 이용해 금융 상품을 플랫폼에 통합하면 된다. 이를 잘 보여 주는 예가 네이버의 금융 관련 수직적 통합 전략이다.

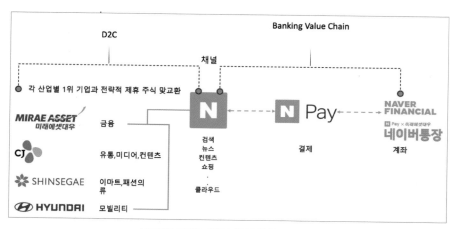

네이버의 금융 부문 수직적 통합 접근(출처: Digital X1)

네이버는 주요 파트너와의 전략적 제휴를 바탕으로 자사 서비스와 연계된 뱅킹 관련 가치 사슬을 만들어 가고 있으며 이를 토대로 수직적 통합의 길로 나아가고 있다.

핵심 서비스를 중심으로 지속 가능한 성장 추구하기

슈퍼앱은 산업 간 경계가 흐릿한 디지털 경제라는 새로운 무대에서 경쟁을 한다. 성공한 슈퍼앱 사례를 보면 시장을 선점할 수 있는 핵심 서비스를 시작으로 연관 분야로 서비스를 넓혀 가며 산업 간 경계를 넘나든다는 공통점이 있다. 그렇다면 특정 분야의 모바일 앱이 슈퍼앱 시장에서 경쟁력을 갖추려면 어떤 필승 전략이 필요할까. 이에 대한 힌트는 스타트업을 발굴해 키우는 투자자들이 옥석을 가릴 때 적용하는 기준에서 찾아볼 수 있다. 그 기준은 바로 '사용자 기반을 일정 수준 이상 확대할 수 있는 서비스 개발', '지속 가능한 경쟁 우위 구축'이다.

슈퍼앱을 꿈꾼다면? 그 시작은 경쟁력 있는 핵심 서비스가 되어야 한다. 시장에서 자리를 잡은 슈퍼앱은 메시징이나 이커머스 같은 핵심 서비스 또는 기능으로 시작한 다음, 기존 서비스를 보완하고 확장하는 서비스 및 기능을 더하면서 성장했다. 이를 통해 슈퍼앱은 단일 플랫폼에서 다양한 서비스와 기능을 제공하는 사용자를 위한 원스톱 앱이 되었고, 사용자는 여러 앱을 오가는 불편 없이 원하는 것을 할 수 있는 편의를 누릴 수 있게 되었다. 사용자 기반 확대와 기능 추가가 선순환 고리를 형성하면 슈퍼앱은 사용자 데이터와 분석을 활용하여 교차 판매 및 상향 판매의 기회를 늘리고, 사용자의 특정 요구와 선호도에 맞는 추천 및 개인화 서비스를 제공해 고객 충성도를 높이며 영향력을 확대할 수 있다.

다음으로 경쟁 우위는 단일 앱의 사용 편의성을 높이는 가운데 이어 갈 수 있다. 기능과 제품을 확대하는 과정에서 슈퍼앱은 각 분야의 모바일 앱과 경쟁하는 과정을 거친다. 다른 업종의 모바일 앱과 경쟁하려면 슈퍼앱은 차별화된 서비스와 사용자 경험을 제공할 수 있어야 한다. 이를 위한 선택지로는 직접 혁신과 개발에 나서는 것, 신규 영역 진출을 앞당길 수 있는 스타트업이나 기술을 인수하는 것, 파트너십을 통해 생태계를 강화하는 것 등을 생각해 볼 수 있다. 특히 슈퍼앱으로 성장하는 데 있어 파트너의 중요성은 매우 크다.

경쟁 우위를 이어 갈 수 있다는 것은 사용자 기반을 지속해서 확대할 수 있다는 것을 뜻하기도 한다. 이는 슈퍼앱 시장의 경쟁에서 중요한 포인트다. 슈퍼앱은 더 많은 사용자가 플랫폼에 가입하고 사용할수록 플랫폼의 가치가 상승하는 네트워크 효과를 창출한다. 자체 개발 기능 외에 외부 파트너의 상품과 서비스를 연계하는 식으로 슈퍼앱 전략을 펼치는 경우 '더 많은 사용자는 더 많은 파트너를 끌어들이고, 더 다양한 상품은 또 다른 사용자를 이끄는' 선순환 구조를 만들 수 있다.

시장 특성 고려가 관건

필승 전략 수립 시 고려해야 할 것은 목표 시장의 특징이다. 디지털 경제 전환 수준이 높은 나라와 그렇지 않은 국가는 슈퍼앱 접근 전략을 달리해야 한다.

1) 디지털 경제 전환 수준이 높은 지역이 목표 시장인 경우

사회, 경제, 문화 등 다양한 부문에서 IT 기술을 오랜 기간 혁신 동력으로 삼아 온 시장은 포화 상태에 있을 가능성이 높다. 이 경우 서비스가 포화 상태에 있고 소매, 금융, 서비스 등 다양한 부문에서 이미 시장 지배적인 모바일 앱이 자리를 잡았다고 볼 수 있다. 이런 시장에서는 각 분야 선도 모바일 앱이 '통합' 및 '자동화' 전략을 통해 디지털 제품이 주도하는 슈퍼앱의 미래를 그려 간다. 통합은 새로운 기능과 편의를 제공하는 디지털 제품, 또는 이를 제공하는 업체의 기술을 인수해 보완하는 것을 의미한다. 그리고 자동화는 모바일 앱이 제공하던 다양하고 유익한 기능을 더 쉽고 편하게 쓸 수 있게 만드는 것을 말한다.

2) 산업의 기반 및 IT 기술 활용 수준이 높지 않은 지역이 목표 시장인 경우

한편, 각 산업의 기반 및 IT 기술 활용 수준이 높지 않은 지역이 목표 시장인 경우 슈퍼앱은 여러모로 시장 확대에 유리하다. 슈퍼앱은 해당 분야의 기업과 출혈 경쟁 없이 금융, 커머스, 교육 등 다양한 서비스 요구를 디지털 제품으로 수용할 수 있다. PC와 인터넷 혁명 시대를 건너뛰고 바로 모바일 강국의 위치에 오른 중국이 슈퍼앱 종주국이 된 것도 같은 배경에서 이해할 수 있다. 그리고 중국의 뒤를 이어 동남아시아, 인도, 아프리카 등에서 슈퍼앱의 성장이 두드러진 것도 같은 맥락에서 그 이유를 설명할 수 있다.

다다익선이 아니라 제품 주도 성장의 마술이 필요

슈퍼앱의 본질은 고객에게 더 많은 선택권과 서비스 이용의 편의성 및 유연성을 주는 것이다. 이 본질은 멀티호밍(Multi-Homing)과 닮았다. 멀티호밍은 네트워크 분야에서 유래된 용어다. 본뜻은 "안정성과 성능을 높이기 위해 컴퓨터를 둘 이상의 네트워크에 연결하는 것"이다. 이 해석에서 단어만 바꾸면 슈퍼앱 정의가 된다. "'편의성과 고객 충성도'를 높이기 위해 '사용자'를 둘 이상의 '서비스'에 연결하는 것"으로 바꾸어 볼 수 있다.

멀티호밍의 개념은 단순 더하기가 아니며 '10+1=11'의 가치를 약속하는 것이 아니다. 이러한 멀티호밍과 유사한 슈퍼앱은 '$1^{10+1}=1$'의 가치를 제시할 수 있어야 한다. 어떤 방식으로건 서비스 수를 늘려 가도 사용자가 체감하기로는 오로지 한 개의 앱만 사용하고 있다고 느낄 수 있어야 한다는 것이다. 이런 마술이 실현되면 제품 주도 성장이 자연스럽게 이루어진다. 광고나 캠페인을 통한 성장 전략은 더 이상 통하지 않는다. 오늘날 고객은 소셜 네트워크나 검색 화면에 뜬 광고를 보고 디지털 제품을 선택하지 않는다. 그럴듯한 메시지에 현혹되지 않는 현명한 소비자의 의사결정 기준은 '나와 가까운 이, 또는 신뢰할 수 있을 만한 평판이 있는 이의 경험'이다. 여러 사용자의 경험에 나의 고유한 문제를 비추어 보고 최선의 해결 방법을 찾아내는 통찰력을 갖춘 소비자의 선택을 받으려면 '제품 주도 성장(Product-led Growth)' 마인드가 필요하다.

제품 주도 성장을 잘 보여 주는 예가 생산성 도구다. 생산성 도구 스타트업의 초기 비즈니스 전략을 관통하는 키워드는 제품 주도 성장이다. 제품 주도 성장은 일종의 마케팅 전략으로, 광고나 홍보를 통해 사용자를 확보하는 것이 아니라 제품 자체가 고객을 모집하는 수단인 것이다. 실제로 제품 주도 성장을 한 앱을 보면 고객이 제품을 사용하면서 장점과 유용성을 직접 체험하고, 이 과정에서 제품을 더욱 신뢰하고, 자연스럽게 제품을 추천하거나 공유하며 사용자 기반이 넓어졌다. 고객 주도 성장으로 커가는 기업은 고객 경험을 개선하고, 제품 또는 서비스의 가치를 최대화하여 사용자를 지속적으로 확장하는 것에 집중한다. 이 과정에서 고객 관련 데이터 수집과 분석, 그리고 AI 기술을 적용한 편의 강화가 이루어진다.

최종 사용자를 위한 디자인
- 사용자 의견 청취
- 지속적이고 신속한 개선 문화 구축
- 가능한 경우 개인화

가치 포착 전 가치 제공
- 제품 우선
- 신속한 가치 제공
- 판매 전 고객의 성공 소개

시장 진출 의도를 가진 제품에 투자
- 제품 데이터에 투자
- 성장 팀 구성
- 실험 개시

제품 주도 성장의 가치 체계(출처: OPENVIEW)

생산성 도구 부분에서 제품 주도 성장으로 글로벌 기업이 된 주요 사례로 슬랙, 드롭박스, 줌을 꼽을 수 있다.

- **슬랙:** 사용자가 직접 가입하고 제품을 체험한 후에 팀원들과 공유하는 방식으로 성장했다.
- **드롭박스:** 사용자가 무료로 사용할 수 있는 기본 서비스를 제공한다. 드롭박스는 사용자가 서비스를 체험하면서 추가적인 기능을 구입할 수 있도록 구성되어 있다. 이를 통해 사용자가 서비스의 가치를 경험하고 서비스를 구독 및 유지하도록 유도하는 데 성공했다.

- **줌:** 높은 화질과 안정적인 성능을 지닌 제품을 제공함으로써 사용자들에게 매우 만족스러운 경험을 선사했고, 이는 매우 긍정적인 사용자 리뷰로 이어졌다. 그리고 그것은 줌이 성장하는 데 큰 역할을 했다.

살펴본 바와 같이 슬랙, 드롭박스, 줌은 제품 중심 성장 전략을 적용하여 사용자 경험을 개선하고 제품의 가치를 최대화했으며, 이는 제품의 확산과 고객 유치에 큰 역할을 했다.

생산성 도구 측면에서 바라본 제품 주도 성장(출처: OPENVIEW)

원소	온-프레미스 영역	클라우드 영역	제품주도성장(PLG)과 상호연결된 업무의 시대
배포	CIO에 판매	임원 및 관리자에게 판매	사용자가 발견하고 옹호
개방성	독립형 시스템	기본 통합이 포함된 엔드 투 엔드 플랫폼	생태계와 잘 어울리는 개방형 API 기반 제품
설치	확정된 장소에 설치	브라우저 또는 데스크톱 상에서 가능한 목적지	기존 컨텍스트에 포함
가격	영구 라이선스	시트(좌석) 기반 구독	사용량 기반, 고객은 무료로 시작하고 가치 확인 후 지불

위챗 벤치마크: 데이터 수집, 분석, 활용 역량 키우기

슈퍼앱은 첨단 기술을 적극적으로 활용해 고객과 지속적인 관계를 이어 간다. 슈퍼앱을 슈퍼앱답게 만드는 핵심 기술은 데이터 처리다. 슈퍼앱은 디지털에서 일어나고 있는 사용자들의 일상적인 데이터를 모두 빨아들이는 블랙홀과도 같다. 그 대표적인 예로 중국의 위챗을 꼽을 수 있다. 위챗은 주요 서비스 외에 수천 개의 미니 프로그램을 제공하고 중국인은 이 서비스들을 이용해 하루 일상을 보낸다. 위챗 없는 하루를 상상하기 어려울 정도라 위챗은 중국인의 '삶의 방식'이라 묘사되기도 한다. 중국인에게 있어 위챗은 아는 사람이 모두 쓰는 앱이다. 위챗 사용자의 일상을 한번 따라가 보자.

아침 식사
밥을 먹으며 위챗을 통해 소셜 네트워크를 확인

출근길
위챗 앱을 열어 뉴스를 훑어보고 바로 비디오 공유 포털에 올라온 취향 저격 영상 시청

사무실
위챗이 제공하는 업무용 채팅 서비스로 동료와 소통

점심 식사
위챗 앱을 열어 식당마다 붙어 있는 QR 코드를 확인해 메뉴와 리뷰도 알아보고 특별 할인 이벤트나 쿠폰이 있는지 확인, 식당에 들어가 마음에 드는 메뉴를 정해 주문을 하고 식사를 마친 다음 결제까지 위챗으로 처리

퇴근 후
위챗 앱을 열어 친구들과 약속을 잡고 이동, 가는 길에 위챗 앱으로 게임

귀가 후
씻고 잠자리에 들기 전 위챗 앱을 열어 쇼핑을 한 다음 잠시 친구들과 이야기를 나눔

위의 위챗 예와 같이 슈퍼앱은 거의 라이프 로그 수준으로 고객의 일상 데이터를 수집할 수 있다. 위챗의 월 사용자 수는 2022년 9월 말 기준으로 13억 1천만 명이다. 평균 사용 시간을 보면 사람들이 틈만 나면 여는 앱이 위챗임을 알 수 있다. 퀘스트모바일에서 발표한 2021 위챗 사용자 행동 보고서에 따르면 사용자당 하루 평균 위챗 앱 사용 시간은 74.5분에 이른다. 연령대에 따라 차이가 좀 나는데, 20~30대 사용자는 하루 평균 96.3분, 50세 이상 사용자는 53.6분을 위챗 앱에 할애하는 것으로 나타났다. 이 시간 동안 모든 사용자 행위는 데이터로 남는다. 위챗은 이 데이터를 핵심 자산으로 삼아 기능 개발 및 개선을 하며 이를 통해 더 나은 사용자 경험으로 충성도를 높인다.

슈퍼앱은 확보한 데이터를 분석 용도로만 쓰지 않는다. AI를 활용한 초격차 만들기에도 데이터 세트를 활용한다. 위챗을 다시 예로 들자면 위챗의 모기업인 텐센트는 AI를 기반으로 서비스 제국을 건설하고 있다. 텐센트 AI 랩의 모토는 'Make AI Everywhere'이다. 이는 단순한 구호가 아니다. 텐센트는 미국의 AI 스타트업에 공격적으로 투자해 디지털 ID 카드를 통한 신원 확인 서비스를 완성했다. 텐센트 ID 서비스는 AI 기반 서비스 제국의 초석이다. 이 위에서 위챗의 다양한 슈퍼앱 서비스가 연계된다. 이와 함께 위챗은 자연어 처리 기반 음성 인식 기술을 활용해 개인 비서, 번역 등의 서비스를 제공하고 AI 기반 광고 플랫폼을 통해 차별화된 맞춤형 광고도 지원하는 등 AI로 차별화된 경험을 제공하는 데 투자를 아끼지 않고 있다.

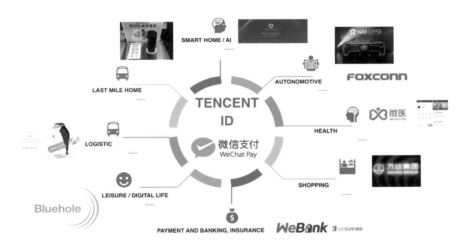

텐센트가 추구하는 디지털 생태계(출처: 텐센트)

QUEST

08

|

플랫폼
엔지니어링 역량

DIGITAL X1

슈퍼앱의 서비스 기반은 디지털 플랫폼이다. 이 플랫폼은 전통적인 기업의 IT 환경과는 구축과 운영 접근 방식이 다르다. 이번 장부터는 IT 실무자 관점에서 슈퍼앱을 위한 디지털 플랫폼의 주요 특징을 살펴보겠다.

슈퍼앱의 디지털 플랫폼은 전통적인 엔터프라이즈 컴퓨팅과 여러 면에서 차이가 난다. 기업의 IT 환경은 업무에 초점을 맞추는 반면, 슈퍼앱의 디지털 플랫폼은 고객에게 제공할 디지털 상품에 초점을 맞춘다.

디지털 플랫폼은 태생적으로 개방형 구조를 띤다. 슈퍼앱의 개별 기능 또는 서비스라 할 수 있는 디지털 상품은 작은 단위 기능으로 개발을 한다. 단위 기능은 마이크로서비스로 구현되며 이는 가상 머신이나 컨테이너 단위로 배포된다. 슈퍼앱은 새로운 기능을 계속해서 추가하지만 기존 기능도 서비스 중단 없이 개선한다. 이를 지원하기 위해 DevOps 원칙 아래 개발, 테스트, 배포, 운영을 한다. 모든 기능과 데이터는 API를 통해 서로 연결되고, 필요에 따라 외부에 API를 공개하여 외부 개발자나 기업이 자사 서비스와 연계하거나 슈퍼앱을 위한 미니앱을 개발할 수 있도록 한다.

클라우드 최적화

슈퍼앱은 대부분 클라우드 기반 디지털 플랫폼을 바탕으로 서비스를 제공한다. 슈퍼앱마다 차이는 있지만 모회사가 운영하는 퍼블릭 클라우드 서비스나 아마존의 AWS, 마이크로소프트 Azure, 구글 클라우드 같은 유명 퍼블릭 클라우드 서비스를 사용하기도 한다.

모회사가 운영하는 퍼블릭 클라우드 사용 예: 위챗(텐센트의 클라우드)

위챗의 경우 모기업인 텐센트의 클라우드 서비스를 사용한다. 텐센트 클라우드는 가상 머신, 스토리지, 네트워킹, 데이터베이스 서비스는 물론 머신러닝과 AI 기능을 포함한 다양한 클라우드 기반 인프라와 서비스를 갖추고 있다. 위챗은 텐센트 클라우드의 인프라와 서비스를 활용하여 서버를 호스팅하고 데이터를 관리하며, 전 세계 사용자에게 다양한 기능과 서비스를 제공한다. 텐센트의 시각에서 볼 때 텐센트 클라우드와 위챗은 텐센트의 디지털 생태계의 구성 요소라 할 수 있다.

유명 퍼블릭 클라우드 서비스 사용 예: 고젝(구글 클라우드)

유명 퍼블릭 클라우드를 이용하는 예로는 고젝을 꼽을 수 있다. 고젝은 슈퍼앱 운영을 위해 2015년부터 구글 클라우드 플랫폼을 사용했다. 고젝은 주요 서비스나 기능을 마이크로서비스 단위로 개발해 컨테이너에 배포하기 위해 GKE를 사용한다. GKE는 컨테이너화된 애플리케이션을 관리할 수 있는 확장 가능하고 유연한 방법을 제공하므로 이를 사용하는 고젝은 필요에 따라 서비스를 신속하게 배포하고 확장할 수 있다.

또한 고젝은 메시징 및 이벤트 중심 워크플로우를 관리하기 위해 구글 클라우드 플랫폼의 Pub/Sub를 사용하는데, Pub/Sub는 메시지와 이벤트를 게시하고 구독하는 데 사용할 수 있는 확장 가능하고 안정적인 메시징 서비스를 제공한다.

그리고 고젝은 개발자가 서버를 직접 관리하거나 운영할 필요 없이 코딩에 집중할 수 있도록 서버리스(Serverless) 서비스인 구글 클라우드 펑션을 사용하기도 한다.

데이터 분석과 AI 기능 역시 고젝은 구글 클라우드를 이용해 처리한다.

한편, 퍼블릭 클라우드 사업자 중에는 산업 특화 서비스 중 하나로 '슈퍼앱' 서비스를 준비한 곳도 있다. 알리바바 클라우드의 경우 EMAS(Enterprise Mobile Application Studio)라는 서비스로 기업 고객이 파트너 생태계를 조성해 미니앱들로 슈퍼앱을 구축할 수 있도록 돕는다. EMAS는 슈퍼앱 인프라 및 비즈니스 기능을 위한 구성 요소, 미니앱 실행을 위한 컨테이너, DevOps 및 운영을 위한 서비스 등으로 구성된다.

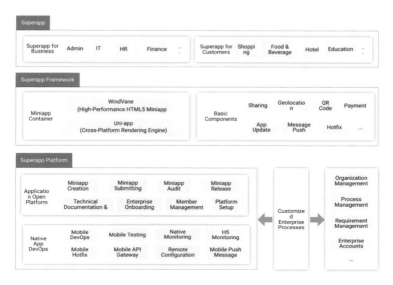

알리바바 EMAS 아키텍처

API 우선 전략

디지털 네이티브 슈퍼앱 기업은 API 우선 접근을 한다. 슈퍼앱의 API 우선 전략은 '슈퍼앱 내에서 데이터에 접근하고 전달하는 주요 수단으로 API를 설계하는 것'을 말한다. 이 전략을 사용하면 애플리케이션의 다른 부분보다 먼저 API를 설계하고 빌드한다. 이렇게 하면 앱의 다른 구성 요소를 API를 중심으로 구축할 수 있으므로 유연성과 확장성이 향상된다.

슈퍼앱의 경우 API 우선 전략을 사용하면 타사 서비스 및 애플리케이션과의 통합을 강화할 수 있어 앱의 기능을 더 쉽게 확장하고 사용자에게 더 다양한 서비스를 제공할 수 있다. 슈퍼앱은 API를 제공하여 개발자가 앱의 데이터 및 기능과 상호작용할 수 있는 자체 앱을 만들 수 있도록 지원한다. 이는 슈퍼앱 위에 구축된 서비스 및 앱 생태계를 육성하여 새로운 성장과 수익의 기회를 창출하는 데 도움이 될 수 있다.

사용자에게 더 많은 가치를 제공하는 측면에서 볼 때 API 우선 전략은 점점 더 중요해지고 있다. API를 앱의 기반으로 설계함으로써 슈퍼앱은 다양한 서비스와 애플리케이션을 지원할 수 있는 '유연하고 확장 가능한 플랫폼'을 만들 수 있다.

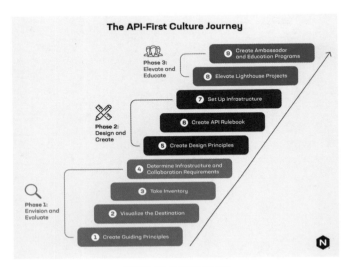

API 우선 문화 여정(출처: NGINX)

개인도 앱을 만드는 시대!

API 관련해 슈퍼앱 기업이 공을 들이는 부분이 있다. 바로 개발자 포털이다. API 개발자 포털은 내부 및 외부 개발자가 조직의 API를 빠르고 쉽게 검색, 테스트 및 통합할 수 있도록 지원하여 슈퍼앱 서비스 같은 디지털 혁신에 중요한 역할을 한다. 다음은 API 개발자 포털이 일반적으로 지원하는 기능이다.

협업

API 개발자 포털은 개발자들이 조직의 API에 대해 협업하고 지식을 공유할 수 있는 채널이다.

셀프서비스

API 개발자 포털을 사용하면 개발자가 다른 팀이나 이해관계자에게 의존하지 않고도 필요 API를 셀프서비스 방식으로 이용할 수 있다. 이를 통해 민첩성을 높이고 새로운 기능 및 서비스의 출시 시간을 단축할 수 있다.

문서 및 교육

API 개발자 포털은 개발자가 조직의 API를 효과적으로 이해하고 사용할 수 있도록 API 참조 가이드나 튜토리얼 같은 문서 및 교육 자료를 제공한다. 문서와 교육 과정이 충실할수록 개발자의 생산성을 높일 수 있다.

모니터링 및 분석

API 개발자 포털은 모니터링 및 분석 기능을 제공하여 조직이 API 사용량과 성능을 추적하고 분석할 수 있도록 한다. 이를 통해 조직은 개선이 필요한 영역을 파악하고 API 설계 및 사용을 최적화할 수 있다.

슈퍼앱에서 제공하는 API 개발자 포털의 예로 '위챗 오픈 플랫폼'을 들 수 있다. 위챗은 개발자가 슈퍼앱 플랫폼 위에 자체 앱과 서비스를 구축하는 데 사용할 수 있는 다양한 API를 제공한다. 위챗 오픈 플랫폼 개발자 포털은 개발자가 API 사용을 시작하는 데 도움이 되는 문서, 코드 샘플 및 기타 리소스를 제공한다.

위챗 오픈 플랫폼 API를 활용하면 외부 개발자 및 파트너 기업은 메시징, 결제, 위치, 소셜 네트워킹을 포함한 다양한 서비스를 빠르게 구현할 수 있다. 예를 들어 개발자는 메시징 API를 사용하여 위챗 사용자와 자체 앱 간에 메시지를 주고받게 할 수 있으며, 결제 API를 사용하여 자체 이커머스 플랫폼에 위챗페이를 통합할 수도 있다. 위챗 오픈 플랫폼 개발자 포털은 API 자체 외에도 'API 관리 또는 테스트를 위한 도구'나 '사용량과 성능 모니터링을 위한 분석 및 보고 도구'도 제공하는 등 운영 측면의 편의까지 제공한다.

API를 이용한 레거시 연계 및 통합

API는 내부 서비스 통합의 길도 제시한다. 디지털 네이티브 기업의 슈퍼앱의 운영 기반인 디지털 플랫폼은 'MSA(Micro Service Architecture)' 설계를 따른다. 이 아키텍처는 소프트웨어 애플리케이션을 '더 작고 독립적인 서비스' 또는 '마이크로서비스'로 세분화하는 소프트웨어 애플리케이션 구축 접근 방식이다. 각 마이크로서비스는 특정 기능이나 작업을 수행하도록 설계되며 나머지 애플리케이션과 별개로 개발, 배포 및 확장할 수 있다. 따라서 슈퍼앱을 위한 디지털 플랫폼 같은 대규모의 복잡한 애플리케이션에서 유연성, 확장성 및 안정성을 개선하는 데 도움이 된다.

MSA 환경에서 API는 서로 다른 마이크로서비스 간의 통신 및 데이터 공유를 가능하게 하는 데 사용된다. 즉, API가 연계와 통합 수단으로 쓰인다는 것이다. 각 마이크로서비스는 자체 API를 노출할 수 있으며, 다른 마이크로서비스에서 이를 사용하여 상호작용할 수 있다. 정리하자면 개발자는 모듈 기반의 유연한 앱을 만들 수 있다. 개발자는 기능 단위로 마이크로서비스를 독립적으로 구현할 수 있으며, API로 다른 마이크로서비스와 연계하는 모듈 구조의 앱을 구현할 수 있다.

오랜 기간 레거시 시스템에 투자해 온 기업 역시 API에서 통합의 길을 찾고 있다. 현재 많은 조직이 채택하고 있는 'SOA(Service-Oriented Architecture)'는 서비스 간 통신에 중점을 둔 아키텍처로, 1990년대에 등장하여 2000년대 초반에 본격적으로 보급되기 시작했다. SOA는 기업의 IT 시스템을 훨씬 더 유연하고 확장성 있게 만들 수 있다는 장점이 있지만 다양한 시스템 간 연동과 통합을 위해 MCI, EAI, FEP 같은 기술을 사용해야 해서 비용과 관리 부담이 크다.

MCI

MCI(Multi-Channel Integration)는 서로 다른 메시징 시스템과 애플리케이션을 연결하는 데 사용한다. 이를 통해 서로 다른 시스템 간에 표준화된 형식으로 메시지를 교환하는 방식으로 통합이 이루어진다.

EAI

EAI(Enterprise Application Integration)는 서로 다른 엔터프라이즈 애플리케이션과 시스템을 연결하여 함께 원활하게 작동하도록 하는 프로세스이다. 서로 다른 소프트웨어 시스템 간 통신 및 통합을 지원하는 역할을 하는 미들웨어나 API 등의 기술로 서로 다른 시스템을 통합하여 비즈니스 프로세스를 연계한다.

FEP

FEP(Front End Processor)는 POS 단말기나 ATM 기기와 같은 다양한 프론트엔드 시스템을 백엔드 시스템에 연결하는 데 사용되는 미들웨어의 일종이다.

레거시 시스템을 보유한 기업은 API 우선 전략을 통해 슈퍼앱을 위한 디지털 플랫폼과 레거시 간 연계점을 찾고 있다. 이 방법은 크게 두 가지인데, 그중 하나는 '애플리케이션 현대화'이다. 기존 레거시 애플리케이션을 현대화하는 과정에서 API를 통해 주요 기능을 외부에 노출(API Externalization)한다. API 외부화는 레거시 애플리케이션의 기능을 API로 노출시켜, 새로운 애플리케이션이나 서비스에서 사용할 수 있도록 하는 것이다. 이를 통해 레거시 애플리케이션은 새로운 애플리케이션과 별도의 솔루션 없이 통합할 수 있다. 또한 API 외부화는 새로운 기능 추가와 관리 간소화 등의 이점도 제공한다.

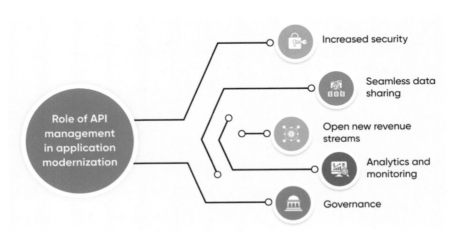

애플리케이션 현대화에서 API의 역할(출처: net solutions)

그리고 다른 하나는 'API 관리 시스템을 중심으로 한 통합'이다. API 관리 시스템은 API를 생성, 관리, 배포하는 데 사용한다. 이 시스템을 활용하면 레거시 애플리케이션의 기능을 API로 노출시킬 수 있다. 물론 이 통합은 MCI, EAI, FEP 대체가 아니라 상호보완적인 측면에서 접근하는 것이다.

데이터 자산의 가치를 높이는 데이터 메시

슈퍼앱은 데이터가 핵심 자산이다. 슈퍼앱은 방대한 데이터 리소스를 효율적으로 관리, 처리, 분석하기 위해 '데이터 메시(Data Mesh)' 전략을 택한다. 주요 슈퍼앱 기업의 데이터 메시 전략은 도메인 중심 소유권, 데이터 상품 이용 방식, 상호운용성 등의 측면에서 공통점이 있다.

주요 슈퍼앱 기업의 데이터 메시 전략① 도메인 중심 소유권

먼저 도메인 중심의 소유권이다. 슈퍼앱은 기능, 서비스 단위로 권한과 책임을 일임하는 식으로 조직을 운영한다. 데이터도 비슷한 접근을 한다. 도메인 중심 소유권을 통해 데이터 책임을 소규모 도메인별 팀으로 나눈다. 각 팀은 각자의 데이터 도메인을 책임지는 가운데 다른 팀에서 유연하게 접근할 수 있도록 관리한다.

주요 슈퍼앱 기업의 데이터 메시 전략② 데이터 상품 이용 방식

또 다른 공통점은 데이터를 제품으로 바라본다는 것이다. 주요 슈퍼앱 기업은 데이터 메시 아키텍처를 기반으로 데이터를 '검색 가능하고, 손쉽게 사용할 수 있고, 안정적으로 관리할 수 있는 제품'처럼 다룬다. 필요 데이터에 접근한다는 개념이 아니라 필요한 데이터 상품을 이용한다는 식으로 접근한다. 데이터 상품 이용 방식은 셀프서비스를 선호하는데, 셀프서비스란 필요 데이터를 이용하기 위해 IT 부서에 일일이 데이터 수집 및 전처리 요청하지 않고 사용자가 스스로 데이터 관련 작업을 하는 것을 말한다. 개발자나 현업 사용자가 필요 데이터를 스스로 탐색하고 준비해 원하는 이용 목적에 사용할 수 있는 셀프서비스 환경을 제공하면 누구나 쉽게 이용할 수 있는 제품처럼 편하게 데이터를 활용할 수 있다.

주요 슈퍼앱 기업의 데이터 메시 전략③ 상호운용성

마지막 공통점은 상호운용성이다. 데이터 메시 전략은 다음과 같은 방식으로 실제 서비스에 적용할 수 있다.

추천

사용자 선호, 검색 기록, 거래 데이터 등 여러 도메인 데이터를 통합하여 쇼핑, 음식 배달, 엔터테인먼트 등에 대한 개인화 기반 추천을 할 수 있다.

물류

사용자 위치 및 주문 내역, 배송 수단 현황 및 이동 추적, 교통 상황 등 다양한 데이터를 분석하여 물류 및 배송 서비스를 최적화할 수 있다.

마케팅

슈퍼앱이 제공하는 여러 서비스에 걸쳐 있는 사용자 데이터를 수집 및 분석하여 공감과 참여를 유도할 수 있는 맞춤형 캠페인을 수행할 수 있다.

고객 지원

여러 도메인의 데이터에 유연하게 접근할 수 있으면 더 정확한 맞춤형 고객 지원을 할 수 있다.

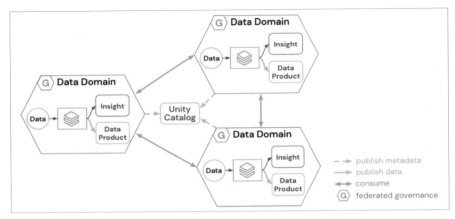

데이터 메시 토폴로지 예시(출처: Databricks)

슈퍼앱은 내부의 서로 다른 도메인 팀과 데이터를 공유하는 것을 넘어 API를 통해 외부 파트너, 개인 개발자와도 협력을 한다. 데이터 메시는 매우 유연하게 확장할 수 있다. 슈퍼앱 기업이 여러 퍼블릭 클라우드 및 여러 외부 파트너와 데이터를 주고받아야 한다면? 데이터 메시 환경을 구축하면 내부 도메인뿐만 아니라 외부 파트너와 협업을 위한 확장에도 유리하다.

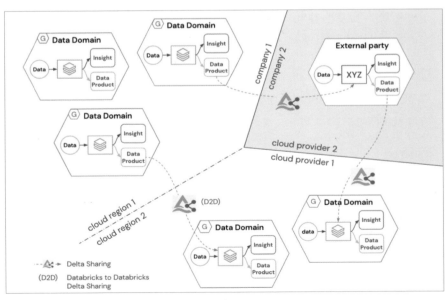

지역, 클라우드, 외부 파트너를 대상으로 한 데이터 메시 확장 예(출처: Databricks)

슈퍼앱 개발 방법

DIGITAL X1

슈퍼앱 개발 방법론은 모듈성, 유연성, 지속적인 배포에 중점을 둔 사용자 중심의 설계 및 개발 접근 방식을 강조한다. 이 방법론을 따르면 개발자는 단일 플랫폼 내에서 다양한 서비스와 기능을 제공하는 슈퍼앱을 제공하는 동시에 사용자의 변화하는 요구 사항을 충족할 수 있고, 빠르게 진화하는 오늘날의 기술 환경에서 경쟁력을 유지할 수 있다. 단일 플랫폼 내에서 다양한 서비스와 기능을 제공하는 앱인 슈퍼앱을 개발 및 배포할 때의 주요 고려 사항으로는 사용자 중심 UI/UX 디자인, 모듈식 아키텍처, API 우선 접근, 데이터 플랫폼 등을 꼽을 수 있다.

사용자 중심 UI/UX

슈퍼앱은 사용자에게 원활하고 직관적인 사용자 경험을 제공하는 데 중점을 두고 설계된다. 여기에는 사용자의 요구와 선호도를 이해하고 그것을 충족하는 기능과 서비스를 설계하는 것이 포함된다. 주요 슈퍼앱이 적용하는 디자인 원칙으로 '직관성'과 '탐색의 편의'가 있으며, 이러한 사용자 중심 UI/UX 설계 관련 예로는 그랩, 고젝, 위챗 등이 있다.

1) 그랩

그랩은 사용자에게 직관적으로 느껴지도록 설계된 깔끔하고 사용하기 쉬운 인터페이스를 채택했다. 그랩이 내세운 디자인 목표는 사용자에게 빠르고 원활한 경험을 제공하여 차량 예약, 음식 주문 및 결제를 쉽게 할 수 있도록 하는 것이다. 이 인터페이스에는 실시간 추적 및 고객 지원과 같은 기능도 포함되어 있어 사용자 경험을 개선하는 데 도움이 된다.

2) 고젝

고젝은 젊은 브랜드를 반영하는 즐겁고 상쾌한 느낌을 주는 컬러풀한 인터페이스를 갖추고 있다. 고젝의 디자인 목표는 사용과 탐색이 쉬운 사용자 친화적인 인터페이스를 만드는 것이다. 이 앱에는 앱의 다양한 서비스를 나타내는 크고 다채로운 아이콘이 포함되어 있어, 사용자가 필요한 것을 쉽게 찾을 수 있다. 또한 추천 서비스나 맞춤 프로모션 기능 등 개인화된 인터페이스 기능도 갖추고 있다.

3) 위챗

위챗이 적용하고 있는 UI/UX 디자인 원칙을 예로 슈퍼앱 업계가 지향하는 방향을 알아보자. 위챗의 UI/UX 목표는 직관적이고 즐거운 경험을 제공하여 사용자 만족을 높이는 것이다. 위챗의 인터페이스 첫인상은 깔끔하고 단순하다는 것이다. 위챗은 메시징에 중심을 두고, 사용자가 너무 많은 서비스와 기능에 부담을 느끼지 않게끔 UI/UX를 설계했다. 메시징을 핵심으로 하는 만큼 채팅 중에 통화, 위치 공유, 송금 같은 기능을 편히 이용할 수 있는 사용자 경험을 제공한다. 이는 다른 서비스 간의 전환에도 적용되는 원칙이다. 위챗은 사용자가 다른 화면이나 앱으로 이동하는 횟수를 최소화하는 것을 중요 목표로 삼는다.

디지털 일상을 수용할 수 있는 수준의 폭넓은 서비스, 기능을 제공함에도 위챗은 일관성을 잃지 않는다. 디자인 패턴, 아이콘, 색상 등 위챗의 모든 서비스와 기능은 하나의 디자인 언어를 유지한다. 사용자가 필요 서비스나 기능에 빠르게 접근할 수 있도록 검색 기능 구현에도 신경을 많이 썼다. 사용자는 음성, QR 코드, 검색 기능을 이용해 원하는 기능에 접근할 수 있다. 또한 위챗 앱의 하단 바에는 채팅, 연락처, 검색 같이 자주 쓰는 기능이 노출되어 있어 빠른 전환이 가능하다. 위챗이 제공하는 풍부한 미니앱은 홈 화면에서 스와핑(Swapping) 방식으로 바로 목록 화면으로 이동할 수 있다.

즐거움을 주는 요소도 빼놓지 않는다. 위챗은 채팅 배경, 스티커, 프로필 설정 등 다양한 요소를 사용자 맞춤형으로 설정할 수 있다. 사용자 경험에 직접적인 영향을 주는 성능도 꽤 신경을 썼다. 사용자는 슈퍼앱의 기능이 많을수록 무거운 앱이라고 인식한다. 로딩이 느리고, 가끔 서비스 지연이 발생하는 등 성능 이슈를 우려한다. 사용자 경험에 악영향을 끼칠 수 있는 성능 저하를 최소화하기 위해 위챗은 낮은 사양의 모바일 장치에서도 원활한 사용이 가능하도록 앱을 가볍고 빠르게 설계했다.

위챗 앱(출처: 위챗)

UI/UX는 지속적으로 개선해 나가야 하는 과제다. 위챗 역시 UI/UX 관련 사용자 피드백을 꾸준히 수집하는 가운데 사용성 테스트를 실시하고, 사용자 경험 개선을 위한 디자인 개편도 정기적으로 수행한다.

모듈식 아키텍처

다음으로 슈퍼앱은 다양한 서비스와 기능이 독립적인 모듈로 개발되고 유지되는 '모듈식 아키텍처'를 통해 구축 및 운영된다. 슈퍼앱 업계에서 말하는 모듈식 아키텍처는 '다양한 서비스와 기능을 개별적으로 개발 및 유지관리할 수 있는 더 작고 독립적인 구성 요소로 나누는 것'을 의미한다. 모듈 단위로 개발을 하면 다양한 서비스와 기능을 더 작고 독립적인 구성 요소로 나눌 수 있어 개발자는 앱의 복잡성을 더 쉽게 관리하고 오류와 버그의 위험을 줄이며 개발 프로세스의 속도를 높일 수 있다. 또한 전체 앱을 중단하지 않고도 필요에 따라 새로운 기능과 서비스를 추가하거나 제거할 수 있으므로 유연성과 확장성을 높게 유지할 수 있다.

동남아시아 전역에서 택시 예약, 음식 주문, 전자지갑 등을 단일 앱으로 제공하는 그랩의 예를 통해 슈퍼앱의 모듈식 아키텍처의 특징과 이를 통해 얻을 수 있는 효과가 무엇인지 알아보자. 그랩 앱도 첫 출발은 모놀리식 아키텍처(Monolithic Architecture) 기반이었다. UI, 비즈니스 로직 등 전체 코드가 단일 아키텍처에 묶여 있었다. 이후 사용자가 늘고, 개발 인력을 대거 충원해 다양한 기능을 추가하면서 점점 더 큰 앱이 된 그랩은 코드 베이스가 너무 커지는 문제에 직면했다. 이를 해결하기 위해 그랩은 모듈화로 방향을 전환했다. 작고 독립적인 모듈 단위로 기능을 분리하고 각 기능이 전체 앱 서비스에 영향을 주지 않도록 아키텍처를 설계한 것이다.

그랩은 네트워킹, 분석 등의 코어 모듈을 생성했다. 그리고 스타일링, 공통 UI, 유틸리티 등을 위한 공유 라이브러리 모듈을 구축했다. 결제, 지갑, 결제 등의 기능은 점진적으로 모듈화하여 배포했다. 더불어 기능 간 통신을 위한 모듈을 만들었다. 모듈화 이후 그랩은 빌드 시간을 크게 단축하는 가운데 모듈 재사용성, 확장성, 유지보수의 편의성으로 기능 개발, 배포, 관리 효율을 크게 끌어올렸다. 2021년 기준으로 그랩은 1,000개 이상의 모듈을 배포해 운영 중이다.

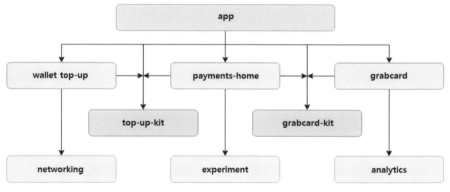

그랩의 모듈화된 앱 구조(출처: 그랩)

레거시 코드 베이스

모바일 앱을 오랫동안 서비스한 기업은 레거시 코드 베이스를 고려해야 한다. 핵심 시스템과 마찬가지로 모바일 앱도 레거시 관련 기술 부채(Technical Debt)가 있다. 코드 품질, 호환성 이슈, 보안 취약성, 성능 및 확장성 문제, 모듈성 부족 등을 레거시 모바일 앱의 기술 부채로 볼 수 있다. 이는 지속적인 모니터링, 평가, 리팩토링 등을 통해 해결할 수 있다.

하지만 디지털 전환에 따라 비즈니스 모델이 슈퍼앱을 지향하는 쪽으로 바뀔 경우는 사정이 다르다. 이때 선택지로 주어지는 것은 점진적인 개선으로 통합하거나 시스템 전체를 한꺼번에 다시 만드는 빅뱅 방식으로 개발하는 것이다. 모바일 앱을 여러 용도로 개발해 고객, 파트너 등의 이해관계자에게 제공하는 중이라면 빅뱅 방식은 부담스러울 수 있다. 이러한 상황에서 점진적인 접근을 통해 슈퍼앱 전략을 성공적으로 추진한 예로 에어아시아가 있다.

에어아시아는 기존 모바일 앱들을 점진적으로 다시 설계하고 통합하는 방식으로 슈퍼앱을 구축한 사례다. 에어아시아는 다음 다섯 가지 설계 원칙을 적용해 슈퍼앱을 구축했다.

첫 번째는 관심사의 분리다. 에어아시아는 기존에 백엔드 업무 단위로 기능을 구현했다. 각 단위는 비즈니스 로직, 네트워크, 캐시, 데이터 동기화, 분석 등을 모두 갖춘 모놀리식 아키텍처를 기반으로 개발했는데, 이런 방식으로 운영하다 보니 이후 코드 변경, 수정 작업 부담이 매우 커졌다. 이에 슈퍼앱 전환을 기회 삼아 에어아시아는 기능과 라이브러리로 모듈을 분리했다. 공통 요소를 분리해 낸 것이다.

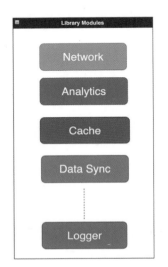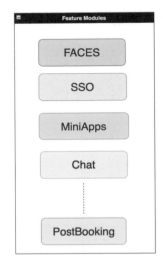

에어아시아가 적용한 관심사의 분리에 따른 기능과 라이브러리 분리 예(출처: 에어아시아)

두 번째는 모듈성 확보다. 에어아시아는 모듈식 앱 개발 방식을 통해 빌드 속도를 높였다. 기존의 크고 비대한 모놀리식 구조의 코드 베이스에서 작업할 때와 비교해 개별 기능을 독립적으로 빌드, 테스트, 디버깅할 수 있어 속도와 효율 모두 개선했다.

세 번째는 KISS(Keep it Simple and Stupid)를 유지하는 것이다. 에어아시아는 새로운 기능 모듈을 슈퍼앱에 추가해 나가더라도 복잡성이 문제가 되지 않도록 기능 설계 시 KISS 원칙을 따르도록 개발 문화를 조성했다.

네 번째는 DIP(Dependency Inversion Principle)에 따라 높은 수준의 모듈이 낮은 수준의 모듈에 직접 의존하지 않도록 설계하는 것이다. 에어아시아는 복잡한 논리를 제공하는 상위 수준 모듈은 재사용이 가능하게 하고, 유틸리티 기능을 제공하는 하위 수준 모듈은 변경에 영향을 받지 않도록 두 모듈을 서로 분리하는 추상화를 도입했다. 이를 위해 Kotlin에서 개발한 의존성 주입 프레임워크인 Koin을 사용했다.

다섯 번째는 DRY(Don't Repeat Yourself) 원칙을 따르는 것이다. DRY를 염두에 두고, 코드 베이스를 깔끔하게 유지하기 위해 반복되는 코드를 제거한다. DRY를 지키면 코드가 이해하기 쉽고 유지보수가 쉬워진다.

소개한 다섯 가지 원칙에 따라 에어아시아는 MVVM(Model-View-View Model) 아키텍처를 기반으로 점진적으로 기존 앱을 재설계하고 다시 개발하는 과정을 반복하며 슈퍼앱 전략을 추진하고 있다. 참고로 MVVM은 모바일 앱 개발에 사용하는 소프트웨어 디자인 패턴 중 하나이다. MVVM을 적용하면 앱의 로직과 UI를 분리해 관리할 수 있고, 코드 재사용성을 높일 수 있으며, 유지보수 편의성을 높일 수 있다.

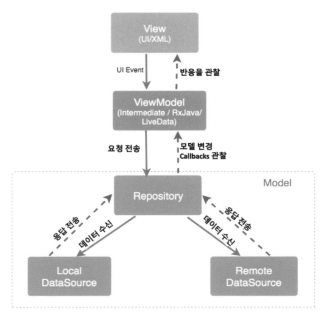

에어아시아 슈퍼앱이 채용한 MVVM 아키텍처

API 및 파트너 생태계

개발과 관련해 고려할 요소로 API 전략과 파트너 생태계가 있다. 슈퍼앱은 자체 개발 기능을 고객에게 제공하는 B2C 서비스와 함께 파트너와 함께 협업을 하는 B2B, B2B2C 등 다양한 비즈니스 모델을 모두 갖고 있는 경우가 많다. 파트너와의 협력을 할 때 수익 창출 방법은 API 호출 기반으로 사용 요금을 과금하는 방식, API에 대한 월 또는 연 단위 구독, API 연계를 통해 판매하는 상품의 수익 배분 등 여러 가지가 있다. 따라서 개발 방법론을 고려할 때 내부 서비스와 데이터 연계와 함께 대외 파트너 비즈니스를 감안한 API 우선 전략 수립이 필요하다. 이 전략에는 누구나 쉽게 API를 사용할 수 있도록 돕기 위한 개발자 포털 구축과 운영 방안도 담겨야 한다.

유명 슈퍼앱 기업은 포털 운영과 함께 개발자 컨퍼런스에도 공을 들인다. B2B, B2BC 비즈니스의 경우 외부 개발자와 파트너가 개발의 열쇠를 쥐고 있다. 따라서 슈퍼앱 기업은 자사 디지털 플랫폼, 그리고 API를 효과적으로 활용할 수 있도록 돕기 위한 일환으로 개발자 컨퍼런스를 지속해서 개최한다. 슈퍼앱 기업이 개최하는 개발자 행사는 매우 높은 호응을 얻고 있다. 한국에서 열리는 네이버의 데뷰(DEVIEW) 행사는 매년 조기 등록 마감 기록을 이어 갈 정도로 인기가 높다. 네이버는 이 행사를 통해 개발, 운영, 보안 등 다양한 주제에 대한 네이버의 노하우를 공유한다.

이 외에도 개발 관련 유명 슈퍼앱은 기술 블로그를 통해 다양한 내부 기술이나 직접 개발한 도구 및 기능을 공유한다. 조직의 노하우에 해당하는 경험 자산을 외부에 공유하는 이유는 인재 유치와 함께 슈퍼앱 분야를 선도하는 기술 리더십을 알리기 위함이라 볼 수 있다. 기술 블로그를 통해 다루는 내용은 아키텍처, 개발 방법론, 모범 사례 등이 있다. 유명 슈퍼앱 기업은 자사의 디지털 플랫폼 아키텍처의 발전사를 공유하면서 컨테이너 전략, MSA 또는 이벤트 중심 아키텍처 전환 과정을 다룬다. 그리고 애자일 방법론, 지속적인 통합 및 배포 관행, 기타 소프트웨어 개발에 대한 접근 방식을 슈퍼앱의 주요 기능 구현을 예로 들어 소개하기도 한다. 조직 문화도 핵심 주제 중 하나인데 팀 구조, 채용 관행, 다양성 및 포용성 이니셔티브 등을 소재로 포스팅을 올린다. 이 외에도 성능 최적화, 테스트 전략, 보안 운영 방식 등의 모범 사례를 통해 자사 서비스의 안정성을 간접적으로 홍보하기도 한다.

주요 슈퍼앱의 개발자 행사 및 지원 내용

슈퍼앱	개발자 행사 및 지원 내용
위챗	• 미니앱 개발자 대상의 연례 컨퍼런스인 'Open Class Pro' 개최 • 개발 문서, API, 도구 제공 • 개발자 커뮤니티 운영
그랩	• 온라인 컨퍼런스 'Grab I/O' 개최 • Grab Ventures에서 스타트업 지원 프로그램 운영 • 개발 문서, API, 도구 제공
고젝	• 스타트업 액셀러레이션 프로그램 운영 • IT 인력 양성을 위해 GO-ACADEMY 운영 • 개발 문서, API, 도구 제공
페이티엠	• 미니앱 개발자 대상의 연례 컨퍼런스인 'Mini App Developer Confernce' 개최 • 개발 문서, API, 도구 제공
알리페이	• 연례 컨퍼런스인 'Alibaba Cloud Summit' 개최 • 개발 문서, API, 도구 제공

데이터 플랫폼

슈퍼앱 기업은 일반적으로 플랫폼에서 생성되는 대량의 데이터를 관리하고 분석하기 위해 빅데이터 기술과 전략을 활용한다. 슈퍼앱 기업은 다른 업체에 비해 빠르게 최신 데이터 트렌드를 수용한다. 2023년 현재 슈퍼앱 기업의 전략은 데이터 메시, 데이터 레이크하우스, 합성 데이터, 데이터 관찰 가능성으로 요약할 수 있다. 이를 전략에 반영한 슈퍼앱은 데이터 품질과 접근성을

개선하는 동시에 데이터를 사용하여 인사이트를 얻고 사용자 경험을 개선할
수 있다.

데이터 메시

데이터 메시란 데이터를 개별 팀에서 관리하는 소규모의 분산된 도메인으로 세분
화하는 데이터 관리 방식이다. 이 접근 방식은 데이터 품질과 접근성을 개선하는
동시에 데이터 사일로의 위험을 줄이는 데 도움이 될 수 있다.

데이터 레이크하우스

데이터 레이크하우스는 다양한 형식의 데이터를 저장할 수 있는 '데이터 레이크'의
방대한 데이터 저장의 장점과 구조화된 데이터만 저장할 수 있는 '데이터 웨어하우
스'의 강력한 성능의 장점을 모두 제공하는 데이터 플랫폼이다. 이 접근 방식은 슈
퍼앱 기업이 대량의 데이터를 효율적으로 관리하고 분석하는 동시에 실시간 분석
기능을 제공하는 데 도움이 될 수 있다.

합성 데이터

합성 데이터는 머신러닝 모델을 테스트하고 학습하는 데 사용할 수 있는 '인위적
으로 생성된 데이터'다. 슈퍼앱 기업은 합성 데이터를 사용하여 머신러닝 모델의
정확성과 효율성을 개선하는 동시에 민감한 사용자 데이터 노출 위험을 줄일 수
있다.

데이터 관찰 가능성

슈퍼앱 기업은 데이터 관찰 가능성 전략을 수립해 다양한 도구와 기법을 사용하여
실시간으로 데이터를 수집, 분석, 모니터링한다. 슈퍼앱 기업은 디지털 플랫폼의
동작과 성능에 대한 통찰력을 확보하여 데이터에 기반한 의사결정을 내리고 시간
이 지남에 따라 사용자 경험을 지속적으로 개선한다.

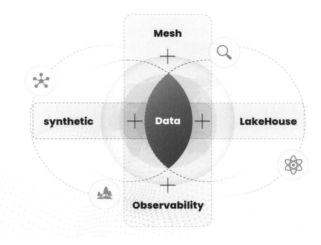

데이터 트렌드(출처: Digital X1)

　　슈퍼앱 데이터 플랫폼의 전형을 보여 주는 예로 페이팔이 있다. 페이팔은 디지털 플랫폼을 바탕으로 빠르게 서비스를 늘리며 슈퍼앱의 길을 가고 있다. 페이팔은 디지털 지갑, 결제, 금융 서비스, 판매자를 위한 쇼핑 및 마케팅 도구, 지불 처리 등 커머스 부문 슈퍼앱의 면면을 갖추고 있다.

　　페이팔은 슈퍼앱 전략을 뒷받침하기 위해 2021년 데이터 메시 플랫폼 구축에 나섰다. 이 플랫폼의 핵심은 데이터 레이크다. 페이팔은 데이터 웨어하우스와 빅데이터 플랫폼에서 벗어나 데이터 레이크 기반의 데이터 메시 플랫폼을 구축했다. 그리고 이를 통해 더 빠르고 쉬운 데이터 검색, 통제된 방식으로 데이터를 더 쉽게 사용할 수 있게 되었다. 페이팔은 여기서 한걸음 더 나아가 데이터 메시 플랫폼 전반에 걸쳐 API를 표준화하여 데이터 과학자와 비즈니스 사용자 모두가 단일 인터페이스로 데이터 제품을 활용할 수 있도록 했다.

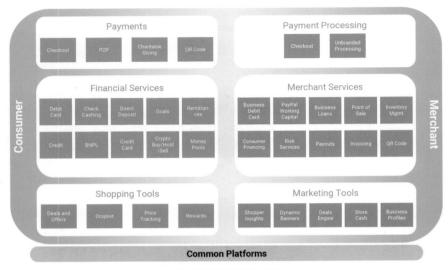

페이팔의 디지털 플랫폼(출처: 페이팔)

미니앱 개발 활성화를 위한 로우코드/노코드 지원

슈퍼앱 중 외부 개발자와 파트너의 미니앱 개발을 지원할 때 소프트웨어 개발의 문턱을 크게 낮추는 로우코드/노코드 도구를 제공하는 경우가 있다. 이는 미니앱 생태계를 키우는 데 중요한 역할을 할 전망이다. 코드를 몰라도 필요한 것을 만들 수 있다는 것은 사용자가 스스로 필요한 것을 만들어 쓰고 지인들과 공유하는 일상을 현실로 이끌 수 있는 잠재력이 있다. 이러한 미니앱 개발을 위한 로우코드/노코드 제공 예로는 라쿠텐과 제넥서스를 들 수 있다.

- **라쿠텐:** 라쿠텐(Rakuten)은 코딩을 몰라도 미니앱을 만들 수 있는 미니앱 편집기를 제공한다. 라쿠텐 미니앱 편집기는 웹 기반 도구로 인터넷에 연결할 수 있는 장치를 통해 어디서나 편히 사용할 수 있다.
- **제넥서스:** 유명 슈퍼앱을 위한 써드파티 로우코드/노코드를 만드는 경우도 있다. 제넥서스(GeneXus)는 위챗 미니앱 로우코드 생성기 도구를 제공한다. 이 도구

역시 설치가 필요 없는 웹 기반 도구이다. 사용자는 이를 이용해 위챗의 미니앱 사양 및 설계 지침 같은 것을 신경 쓰지 않고 원하는 기능을 하는 미니앱을 만들 수 있다. 가이드라인은 미니앱 로우코드 생성기가 코드 수준에서 자동으로 준수한다. 참고로 제넥서스는 AI 기반의 로우코드 플랫폼(GeneXus 18)을 기업에 공급하고 있는 회사로, 이 플랫폼을 이용하면 기존 모바일 앱을 다양한 슈퍼앱의 미니앱 형태로 손쉽게 전환할 수 있다.

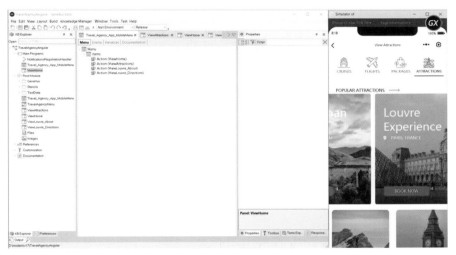

로우코드 도구(출처: 제넥서스)

신기술 수용

슈퍼앱 기업에게 신기술은 새로운 비즈니스 기회다. 슈퍼앱 기업 관심을 보이는 신기술로는 생성형 AI와 메타버스가 있다. 슈퍼앱은 생성형 AI 기술로 한 단계 높은 사용자 경험을 제공할 수 있게 될 전망이다. ChatGPT로 촉발된 생성형 AI에 대한 관심은 다양한 영역으로 이어지고 있다. 텍스트, 영상, 이미지 등의 자동 생성은 시작일 뿐이다. 슈퍼앱은 앞으로 지금까지 디지털 광고와 마케팅이 할 수 없던 초개인화 기반 제안과 추천을 할 수 있게 될 것이다. 생성형

AI 기술을 마케팅 기술 스택에 포함하면 제품 소개부터 구매까지 가는 여정에서 고객과 긴밀하게 상호작용하며 구매 동기를 부여하고 유지할 수 있는 대화를 이어 갈 수 있다. 이는 아이디어가 아니다. 이미 이런 서비스를 구현한 퍼수에이드(Persuade) 같은 기업도 있다. 이를 활용하면 생성형 AI과 마케팅 플랫폼 통합의 수고를 덜 수 있다.

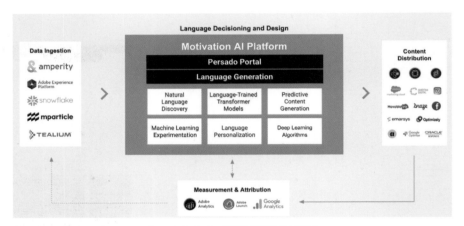

Persuade Motivation AI 아키텍처(출처: 퍼수에이드)

다음으로 개인 비서 역시 한 단계 업그레이드된다. 생성형 AI 기술을 기존 디지털 비서 기능에 적용하면 약속 예약, 음식 주문, 여행 예약 등을 실제 상담원의 도움을 받는 듯한 느낌으로 할 수 있다. 이 외에도 생성형 AI을 통해 사용자 선호 및 소셜 미디어 활동을 기반으로 개인화된 밈이나 동영상을 생성해 공유할 수 있는 소소한 즐거움을 슈퍼앱 라이프스타일에 녹여 낼 수 있다.

생성형 AI 기술은 자본, 기술, 인력이 풍족한 빅테크 기업만 활용할 수 있는 것이 아니다. ChatGPT를 개발한 오픈AI는 API를 통해 ChatGPT 및 위스퍼(Whisper) 모델을 자사 앱과 제품에 손쉽게 통합할 수 있는 서비스를 제공한다.

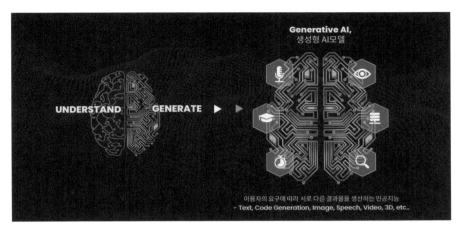

AI 트렌드(출처: Digital X1)

프롬프트 엔지니어링 역량 강화

생성형 AI 서비스와 관련해 슈퍼앱 기업들은 '프롬프트 엔지니어링' 역량 강화에 많은 관심을 보이고 있다. 프롬프트 엔지니어링은 초거대 자연어 처리 모델에서 원하는 답을 끌어내기 위해 프롬프트를 설계, 개선, 최적화하는 프로세스를 말한다. '초거대 AI 모델이 처리하고 응답하는 입력 쿼리 또는 문장을 어떻게 더 잘 작성할 것인가'에 대한 답을 찾는 엔지니어링이라 보면 된다.

지금 서점에 넘쳐 나는 정보와 책자는 주로 최종 사용자 측면의 프롬프트 엔지니어링을 다룬다. 쉽게 말해 내가 원하는 답을 얻기 위해 더 잘 질문하는 방법을 안내한다고 보면 된다. 기업의 경우 생성형 AI 모델을 업무 생산성 향상이나 디지털 상품성 강화, 고객 경험 개선 등의 목적으로 이용한다. 이 경우 구글이나 오픈AI 같은 선도 기업이 제공하는 '사전 훈련을 마친 초거대 AI 모델'을 가지고 자사 보유 데이터 및 활용 목적에 맞게 미세 조정(Fine-tuning) 작업을 하는데, 이것도 프롬프트 엔지니어링의 한 영역이다.

최종 사용자나 조직이나 프롬프트 엔지니어링을 하는 이유와 목표는 같다.

생성형 AI 모델로부터 더 높은 품질의 응답을 이끌어 내기 위해 프롬프트 엔지니어링을 하는 것이다.

학습이나 업무를 위해 생성형 AI 기반 서비스를 이용할 경우 프롬프트 디자인 원칙을 따르면 원하는 답을 받아볼 수 있다. 원칙이라고 하니 다소 거창하게 들릴지 모르지만 핵심은 '어떻게 더 잘 질문을 할 것인가'이다. 보통 간단한 질문은 '제로샷 프롬프팅(Zero Shot Prompting)'이라고 부른다. 생성형 AI 모델은 사전 학습된 지식을 활용하여 사용자가 입력한 프롬프트만으로 관련 콘텐츠를 생성한다. 이 기법은 특정 예제에 대한 안내 없이 모델이 출력을 생성하도록 하려는 경우에 유용하다.

생성형 AI 기술의 잠재력은 질문을 어떻게 하느냐에 따라 답변의 질이 달라진다는 것에 있다. 더 많은 정보를 제공하며 구체적으로 질문할수록 더 나은 결과를 얻을 수 있다. 그 방법 중 하나가 예제를 포함한 질문인 '퓨샷 프롬프팅(Few Shot Prompting)'이다. 이 방식은 모델이 내용을 이해하는 데 도움이 되는 몇 가지 예제를 제공하는 것이다. 또한 생성형 AI 기반 서비스를 많이 쓰다 보면 자연스럽게 'CoT 프롬프팅(Chain-of-Thought Prompting)'을 이용하게 된다. 이는 대화를 나누면서 추론 과정을 거치는 것으로, 모델은 이어지는 대화를 통해 각 단계의 출력을 참조하여 추가 정보를 생성한다.

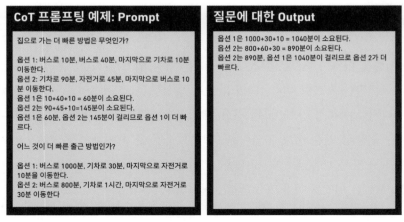

CoT 프롬프팅 예제

기업에서 생성형 AI 기술을 쓰는 방법은 두 가지다. 하나는 직접 거대한 AI 인프라를 구축하고 초거대 모델을 훈련하고 최적화하는 작업을 하는 것이다. 이는 엄청난 인력과 비용이 들어가는 작업이다.

다른 하나는 구글이 제공하는 PaLM이나 오픈AI의 ChatGPT 같이 사전 훈련된 초거대 모델을 API 방식으로 이용하는 것이다. 이 경우 기업은 이용 목적이나 목표에 맞게 보유 데이터를 활용해 미세 조정을 할 수 있다. 이렇게 하면 고가의 GPU 서버로 대규모 클러스터를 구성하지 않아도 된다. 초거대 모델을 훈련에 대한 부담 없이 필요 맞게 튜닝해 사용할 수 있다. 이 과정을 간단히 정리하면 다음과 같다.

작업 정의
생성형 AI 모델이 해결하기를 원하는 특정 작업 또는 문제를 정의

데이터 수집 및 전처리
목표 작업과 관련된 데이터 세트 수집 및 선택한 기본 모델의 요구 사항에 따라 데이터를 정리, 토큰화 및 서식 지정하여 데이터를 전처리

모델 미세 조정
작업별 데이터 집합에 대해 사전 학습된 기본 모델을 미세 조정

모델 평가
미세 조정 후에는 별도의 유효성 검사 데이터 세트에서 모델의 성능을 평가하고 필요에 따라 하이퍼파라미터 또는 학습 기법을 조정하여 성능을 개선하는 미세 조정 프로세스를 반복

프롬프트 디자인
생성형 AI 모델이 원하는 출력을 생성하도록 안내하는 효과적인 프롬프트를 작성

모델 테스트
다양한 입력과 시나리오를 사용하여 미세 조정된 모델을 테스트하여 실제 상황에서 잘 작동하는지 확인

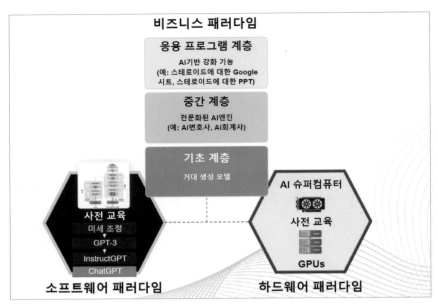

생성형 AI 비즈니스 생태계(출처: Digital X1)

언젠가는 가야 할 메타버스

슈퍼앱 업계가 관심을 보이는 기술로 메타버스를 빼놓을 수 없다. 메타버스에 대한 관심은 매우 큰 반면 관련 서비스 출시는 지지부진했다. 그나마 가상 아바타 기반 서비스들이 공개되었으나 소비자 반응도 미지근한 경우가 많았다. 그렇다고 해서 슈퍼앱 업계가 메타버스의 가능성을 낮게 보는 것은 아니다.

위챗의 전략을 통해 슈퍼앱 업계가 메타버스를 바라보는 시선을 알아보자. 위챗은 메타버스 관련해 명확한 움직임이 없었다. 그러던 중 2022년 젤리(Jelly)라는 가상 아바타 기반 메타버스 서비스 앱이 중국 Z세대를 강타한 것을 목격했다.

젤리는 디지털 공간에서 사적 활동을 하며 여러 아바타와 함께 디지털 일상을 함께할 수 있는 메타버스 서비스다. 2022년 1월 중순에 출시되었는데, 출시된 지 한 달도 되지 않은 시점인 2월 11일에 중국 애플 앱스토어에서 무료 앱 1위 자리에 올랐다. 자기 표현과 소통 방식 측면에서 중국 Z세대의 취향을 저격했다는 평을 받았던 젤리는 이후 저작권 및 사용자 데이터 프라이버시 이슈로 앱스토어에서 내려왔지만 그 인기가 식지 않았다.

이런 현상을 목격한 위챗은 2023년 초에 XR-프레임 개발 가이드를 발표했다. 이 가이드는 확장 현실과 3D 기능을 기반으로 미니앱을 개발하는 안내서이다. 위챗은 디지털 일상에서 이루어지는 상호작용을 2D에서 3D로 발전시키는 것에 관심을 두고 있으며 미니앱 생태계를 통해 다양성을 확대해 나갈 방침이다.

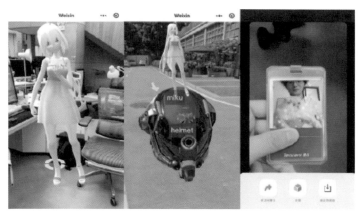

위챗 XR-프레임 가이드를 참조해 구현한 미니앱 예

디지털 제품
우선 조직이 되는 방법

DIGITAL X1

소비자 눈으로 바라본 슈퍼앱은 다양한 디지털 제품을 한곳에서 이용할 수 있는 백화점이다. 슈퍼앱은 데이터, AI, 클라우드 같은 디지털 기술을 활용해 시장의 수요에 빠르게 대응한다. 그 결과물이 바로 디지털 제품이다. 디지털 제품이란 무엇인가? 간단히 말해 디지털 제품은 온라인 서비스일 수도 있고, 온라인과 오프라인 연계 서비스일 수도 있고, API나 데이터 그 자체가 상품일 수도 있다.

디지털 제품은 전통적인 상품과 비교할 때 더 큰 가능성을 내포하고 있다. 전통적인 상품은 물리적 생산과 유통이 필요한 반면, 디지털 제품은 생산, 유통, 판매, 지원 등 모든 것이 디지털 공간에서 이루어진다. 디지털 제품은 빠르게 만들 수 있고, 쉽게 업데이트할 수 있다. 또한 디지털 제품은 개별 고객의 요구에 맞게 맞춤화할 수 있다. 물리적 유통 기반이 필요 없어 더 많은 잠재 고객에게 도달하는 데 드는 비용도 상대적으로 낮다.

이 같은 디지털 제품의 이점을 누리려면 안정적인 서비스 운영 기반, 강력한 보안 체계, 그리고 디지털 제품과 관련 사용자 경험을 지속해서 개선할 수 있는 조직 문화가 뒷받침되어야 한다. 이런 전제 조건을 만족해야 디지털 제품으로 수익을 창출할 수 있다. 성공한 슈퍼앱 기업은 많은 시행착오를 거쳐 디지털 제품으로 수익을 내는 방법을 터득한 조직이다. 이들 기업이 어떻게 디지털 제품 우선 조직으로 성장할 수 있었을까? 그 비결을 하나하나 풀어 보자.

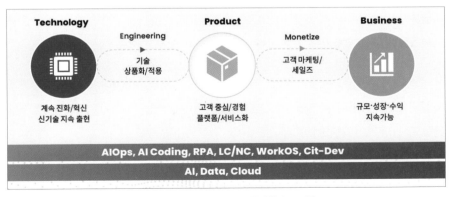

신기술 기반으로 진화하는 디지털 제품(출처: Digital X1)

디지털 제품 개발

슈퍼앱을 통해 소비자가 이용하는 디지털 제품은 '소프트웨어 개발 기술'과 '사용자 중심의 디자인 원칙'을 바탕으로 만든다. 디지털 제품은 아이디어 구상부터 개발, 테스트, 배포가 매우 빠르게 이어진다.

아이디어 구상 및 디자인

디지털 제품을 만드는 첫 번째 단계는 슈퍼앱에 추가할 수 있는 기능이나 미니앱에 대한 아이디어를 떠올리는 것이다. 여기에는 사용자의 요구 사항과 불만 사항을 조사하고 혁신을 위한 새로운 기회를 파악하는 것이 포함된다. 아이디어 선정 후 디자이너는 앱 내에서 해당 기능이나 미니앱이 어떻게 보이고 작동할지 구현을 하는데, 이 과정에서는 일반적으로 사용자 피드백과 테스트를 기반으로 디자인을 반복하는 작업이 이루어진다.

개발

디자인 완료 후 개발자는 다양한 소프트웨어 개발 도구와 기법을 사용하여 기능 또는 미니앱의 코드를 작성한다. 이 작업은 개발자가 혼자가 아니라 디자이너, 제품 관리자, 품질 테스터 등 여러 담당자가 참여해 진행한다.

테스트

코드가 작성되면 기능 또는 미니앱이 제대로 작동하고 사용자의 요구 사항을 충족하는지 확인하기 위해 테스트를 한다.

배포

테스트가 완료되면 기능 또는 미니앱이 슈퍼앱의 일부로 사용자에게 배포된다.

이처럼 슈퍼앱을 위한 디지털 제품을 제작은 사용자의 요구를 충족하고 고품질의 사용자 경험을 제공하는 데 중점을 둔 디자인, 개발, 테스트 및 릴리스 활동이 결합되어 이루어진다.

디지털 제품 개발 과정에서 팀은 끊임없이 검토한다. 특히 디지털 제품 개발의 경우 아이디어 실증이 중요하다. 슈퍼앱 기업은 MVP, A/B테스트, 제품 시장 적합도 같은 방법론과 개념을 적용해 아이디어를 실증한다. MVP, A/B 테스트, 제품 시장 적합도는 디지털 제품 개발에 있어 모두 중요하다.

MVP

MVP는 가치를 제공하면서 사용자에게 출시할 수 있는 제품의 최소 버전을 뜻한다. MVP는 사용자 요구와 제품 기능에 대한 가설을 테스트하고 시장에 대한 가정을 검증하는 데 사용한다.

A/B 테스트

MVP를 출시하고 사용자로부터 피드백을 수집하여 팀은 제품을 반복적으로 테스트하며 개선해 나갈 수 있다. A/B 테스트는 서로 다른 사용자 그룹을 대상으로 제품 또는 기능의 두 가지 버전을 테스트하여 어떤 버전이 더 효과적인지 확인하는 것을 말한다. 제품 팀은 참여도, 전환율, 사용자 만족도 등의 주요 지표를 측정하여 어떤 버전의 제품 또는 기능이 더 성공적인지 결정할 수 있다.

제품 시장 적합도

제품 시장 적합도(PMF, Product Market Fit)란 제품이 시장의 요구 사항을 충족하는 정도를 말한다. PMF는 제품에 대해 기꺼이 비용을 지불할 의사가 있는 지속 가능한 시장을 찾았을 때 달성할 수 있다. PMF를 달성하는 것은 성공적인 디지털 제품 개발의 중요한 이정표다.

MVP, A/B 테스트, 제품 시장 적합도를 평가할 때 고려해야 할 사항으로는 사용자 피드백, 평가 메트릭, 반복(Iteration)이 있다. 팀은 사용자 피드백을 통해 제품이 사용자의 요구를 충족하고 가치를 제공하고 있다는 증거를 찾아야 한다. 이를 위해 팀은 설문조사, 사용자 테스트 또는 리뷰 등을 수행할 수 있다. 지표의 경우 참여도, 리텐션, 수익 측면에서 제품의 성과가 좋다는 것을 측정할 기준을 뜻하는데, 여기에는 일일 활성 사용자 수, 전환율, 고객 생애 가치와 같은 기준이 포함될 수 있다. 모든 테스트는 반복 속에서 더 나은 방향을 찾는 것이 원칙이다. 디지털 상품 기획 단계에서 철저한 테스트를 거쳤다면? 이제 남은 것은 최적의 UI/UX 구현과 폭발적으로 사용자가 몰려와도 문제가 없는 안정적인 운영을 보장하는 것이다.

문화 조성

슈퍼앱 기업은 애자일 문화와 DevOps 파이프라인이 자리를 잘 잡고 있다. 대다수 슈퍼앱은 애자일 문화와 DevOps 파이프라인으로 빠르게 반복하고 지속적으로 개선할 수 있는 디지털 제품 개발 및 서비스 역량을 보유하고 있다. 슈퍼앱 기업의 애자일 문화는 DevOps 파이프라인에 녹아들어 개발, 테스트, 배포의 흐름이 매끄럽게 이어진다. 슈퍼앱 기업들에서 관찰할 수 있는 애자일 문화의 공통점은 다음과 같이 추려볼 수 있다.

- 반복 개발을 통해 고객에게 가치를 제공하는 데 집중
- 의사결정을 내리고 협업할 수 있는 권한을 부여받은 다기능 팀
- 팀의 소통과 협업 강조
- 변화하는 시장 상황과 사용자 요구에 신속하게 적응할 수 있는 능력
- 스크럼(Scrum) 또는 칸반(Kanban)과 같은 애자일 방법론을 사용하여 개발 프로세스 관리

실제 팀 문화의 예로 디지털 뱅킹 앱인 레볼루트를 알아보자. 이 앱은 암호화폐 거래, 여행 보험, 결제, 예산 책정, 가상 카드 등과 같은 은행 및 금융과 관련된 기능을 제공한다. 레볼루트는 안드로이드와 iOS 플랫폼으로 팀을 나누어 구성했다. 그리고 결제, 거래 등 주요 기능 단위로 팀을 구성하여 각 팀에 권한을 부여했다. 이런 접근은 국내 슈퍼앱 기업에서도 쉽게 찾아볼 수 있다.

토스는 사일로(Silo)라는 단위로 팀을 구성한다. 사일로는 거래, 자산 등 앱이 제공하는 주요 기능 단위로 조직한다. 각 사일로는 프로젝트 오너, 개발자, 디자이너, 마케터, 사업 개발 담당자 등이 소속된다. 단위 팀이지만 마치 하나의 기업처럼 모든 기능을 갖추고 있다. 그리고 토스는 디지털 제품을 태동기, 유아기, 성장기, 안정기 사이클로 구분하여 유연하게 팀의 기능을 강화한다. 디지털 제품이 성장 단계에 들어서면 프로젝트 관리자 같은 역할이 추가된다. 토스의 경우 프로젝트 오너와 프로젝트 관리자의 역할을 분명하게 구분한다.

'프로젝트 오너'는 잠재적 고객을 대상으로 통찰력을 발굴하고, 이를 바탕으로 제품 개발이 시작되는 순간 또 다른 아이템 발굴에 눈을 돌린다. 프로젝트 오너는 가설을 세울 때 직관에 기반한다. 반면에 '프로젝트 관리자'는 현재 고객의 문제를 어떻게 해결할 것인지에 집중하고 일을 시작한다. 그리고 가설을 설계할 때 현재 데이터를 참조한다.

디지털 제품 성장 단계에 따른 조직 변화(출처: 토스)

애자일이 곧 문화

디지털 네이티브 기업은 창업 초기부터 애자일 문화가 뿌리를 내린다. 반면에 오랫동안 수직적 관리 체계를 유지한 기업은 모든 기능을 갖춘 팀을 서비스 단위로 구성하고 이 팀에 권한을 부여하는 일이 쉽지 않다. 이런 현실적 어려움을 해결하기 위해 '가치 흐름 관리(Value Stream Management)' 도구에 대한 관심이 높아지고 있다.

가치 흐름 관리는 린(Lean) 비즈니스 방법론으로 기능이 아닌 '가치 흐름'의 우선순위를 지정하여 전체 소프트웨어 개발 주기를 모니터링하고 DevOps 파이프라인과의 연계를 통해 생산성을 높인다. 가치 흐름 관리 솔루션은 기존 기업이 애자일 조직으로 전환하는 데 핵심적인 역할을 할 수 있다. 가치 흐름 관리 도구는 가치 흐름에 대한 가시성을 제공하여 디지털 제품 개발 관련 병목 구간, 중복 및 기타 비효율성을 식별하는 데 도움을 줄 수 있다. 엔드 투 엔드 가치 흐름을 이해할 수 있게 되면 전사 측면에서 디지털 제품 개발의 우선순위를 정할 수 있다. 가치 흐름 관리 솔루션은 공통의 언어와 이해를 바탕으로 조직 내 여러 팀과 기능 간의 협업을 촉진한다.

이 외에도 가치 흐름 솔루션은 성과를 측정하고 프로세스를 최적화하기 위한 프레임워크를 제공한다. 가치 흐름을 분석하고 개선이 필요한 영역을 식별하여 조직은 지속적으로 프로세스를 개선하고 효율성을 높일 수 있다. 궁극적으로 가치 흐름 관리가 추구하는 것은 고객에게 가치를 제공하고 프로세스를 지속적으로 개선하는 데 집중함으로써 조직이 애자일 사고 방식을 수용하도록 하는 것이다.

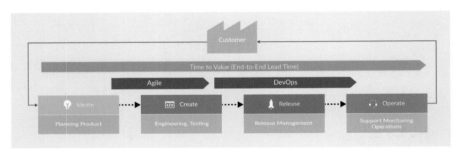

가치 흐름 관리 개념(출처: buildfire)

가치 흐름 관리 도구를 일반 기업이 슈퍼앱 개발에 반영하는 예를 알아보자. 슈퍼앱 개발에 가치 흐름 관리 도구를 사용하는 첫 번째 단계는 가치 흐름을 식별하는 것이다. 여기에는 디자인부터 개발, 배포에 이르기까지 앱을 만들고 제공하는 엔드 투 엔드 프로세스를 매핑하는 작업이 포함된다. 가치 흐름이 식별되면 이를 분석하고 병목 현상, 비효율성 및 개선이 필요한 영역을 찾을 수 있다. 이를 통해 개발 프로세스를 최적화하고 리드 타임을 단축할 수 있다.

가치 흐름 관리 도구 사용의 이점을 정리하자면 다음과 같다.

- 모바일 앱 개발 프로세스의 워크플로우를 시각화하고 최적화할 수 있다. 이를 통해 작업을 간소화하고 자동화할 수 있는 영역을 식별하여 기능 개발 및 배포에 필요한 시간과 리소스를 줄일 수 있다.

- 가치 흐름 관리 도구를 사용하면 사용자 가치에 따라 작업의 우선순위를 지정하여 사용자에게 가치를 더할 수 있는 가장 중요한 기능에 집중할 수 있다.
- 가치 흐름 관리 도구는 앱 개발 프로세스의 성능을 측정하고 리드 타임, 결함 등의 지표를 추적하는 데 도움이 된다. 이를 통해 개선이 필요한 영역을 파악하고 시간이 지남에 따라 프로세스를 최적화할 수 있다.
- 가치 흐름 관리 도구는 조직 내 여러 팀과 기능 간의 협업과 커뮤니케이션을 촉진하는 데 도움이 된다. 이를 통해 사일로를 허물고 협업과 지속적인 개선의 문화를 촉진할 수 있다.

툴체인

슈퍼앱 기업은 애자일 문화를 뒷받침할 수 있는 툴체인을 구축해 운영한다. 이 툴체인은 크게 DevOps, MLOps, DataOps, AIOps로 구분할 수 있다. 각 툴체인은 클라우드 네이티브 환경에 최적화되어 있으며, AI 기술을 활용함으로써 자동화 수준이 빠르게 높아지고 있다.

1) DevOps

DevOps 파이프라인 툴체인은 기업별로 다를 수 있다. 보편적으로는 오픈 소스 도구를 통해 툴체인을 형성한다. 주요 구성 요소는 다음과 같다.

버전 제어 시스템(VCS)

깃(Git) 또는 SVN과 같은 VCS는 소스 코드의 변경 사항을 관리하고 추적하는 데 사용되며, 여러 개발자가 동일한 코드 베이스에서 동시에 작업할 수 있다.

지속적 통합(CI) 도구

젠킨스(Jenkins), 트래비스(Travis) CI 또는 서클(Circle) CI와 같은 도구는 코드 변경 사항을 자동으로 빌드, 테스트 및 기본 코드 베이스에 통합하는 데 사용한다.

자동화된 테스트 도구

셀레니움(Selenium), 애피움(Appium), 에스프레소(Espresso)와 같은 도구는 여러 디바이스 및 플랫폼에서 앱의 자동화된 기능 및 회귀 테스트에 사용한다.

컨테이너화 도구

도커(Docker) 및 쿠버네티스(Kubernetes) 같은 컨테이너화 도구는 앱과 앱의 종속성을 가볍고 휴대 가능한 컨테이너로 패키징 및 배포하는 데 사용한다.

모니터링 및 로깅 도구

스플렁크(Splunk), ELK 스택 또는 그라파나(Grafana) 같은 도구는 앱과 기본 인프라의 성능을 모니터링하고 분석하는 데 사용되어 문제를 신속하게 식별하고 해결할 수 있도록 돕는다.

협업 및 커뮤니케이션 도구

팀 커뮤니케이션, 프로젝트 관리 및 이슈 추적에는 슬랙(Slack), 마이크로소프트 팀즈(Microsoft Teams), 지라(Jira) 같은 도구가 사용되어 개발자, 테스터 및 기타 이해관계자 간에 쉽게 협업할 수 있다.

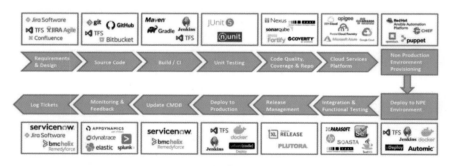

DevOps 툴체인(출처: Openxcell)

2) MLOps

머신러닝(ML, Machine Learning)과 AI에 의존하여 서비스를 운영하는 슈퍼앱 기업은 오픈 소스 기반 MLOps 툴체인을 활용하여 모델 구현, 훈련, 추론 파이프라인을 관리한다. 다음은 슈퍼앱 기업이 오픈 소스 기반 MLOps 툴체인을 구성하는 몇 가지 방법이다. DevOps와 유사하게 오픈 소스 도구 중심으로 툴체인을 구성하는 것이 일반적이다.

모델 개발

MLOps 툴체인을 구성하는 첫 번째 단계는 텐서플로우(TensorFlow), 파이토치(PyTorch) 같은 오픈 소스 프레임워크를 사용하여 모델을 개발하는 것이다. 개발자는 다양한 알고리즘, 기능 및 아키텍처를 적용하여 모델을 개발할 수 있다.

모델 훈련 및 검증

모델 구현 후 아파치 스파크(Apache Spark), 쿠베플로우(Kubeflow) 같은 오픈 소스 도구를 사용하여 모델을 학습하고 검증한다. 이러한 도구를 사용하면 온프레미스와 퍼블릭 클라우드에 있는 GPU 기반 분산 컴퓨팅 환경 전반에서 모델 학습을 확장할 수 있으므로 모델을 학습하고 검증하는 데 필요한 시간과 비용을 줄일 수 있다.

모델 배포

모델을 학습하고 검증한 후에는 쿠버네티스나 아파치 에어플로우(Apache Airflow) 같은 오픈 소스 도구를 사용하여 프로덕션 환경에 배포한다. 이러한 도구를 사용하면 모델을 자동으로 배포하고 확장할 수 있으므로 다른 서비스 및 시스템과 원활하게 통합할 수 있다.

모델 모니터링 및 관리

모델이 프로덕션 환경에 배포된 후에는 프로메테우스(Prometheus)나 그라파나(Grafana) 같은 오픈 소스 도구를 사용하여 모니터링 및 관리한다. 이러한 도구를 사용하면 성능 메트릭을 추적하고 이상 징후나 드리프트를 감지할 수 있다.

협업 및 커뮤니케이션

마지막으로, 슈퍼앱 기업은 깃허브(GitHub), 깃랩(GitLab), 비트버킷(Bitbucket) 같은 오픈 소스 도구를 활용하여 MLOps 툴체인에 관련된 다른 이해관계자들과 협업하고 소통할 수 있다.

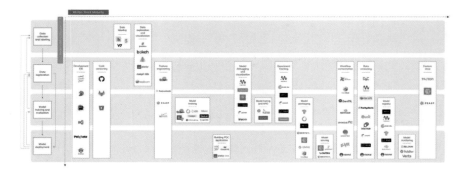

MLOps 툴체인(출처: Neptune.AI)

3) DataOps

슈퍼앱 기업들은 아파치 하둡, 스파크, 에어플로우, 플링크 등의 오픈 소스 도구를 사용해 DataOps 툴체인을 구축한다. DataOps 툴체인을 통해 슈퍼앱 기업은 DevOps, MLOps를 위한 데이터 파이프라인을 효과적으로 구축해 운영할 수 있다. DataOps 툴체인은 다음과 같은 작업을 처리한다.

데이터 통합 및 변환

다양한 소스에서 대상 데이터 웨어하우스 또는 데이터 레이크에 데이터를 추출, 변환 및 로드(ETL)한다. 데이터 일관성과 품질을 보장하며, 데이터 수집 및 변환 프로세스를 자동화한다.

데이터 품질 및 거버넌스

데이터의 품질과 정확성을 보장하고 데이터 거버넌스 및 규정 준수를 유지한다.

데이터 분석 및 비즈니스 인텔리전스

데이터를 분석하고 시각화하여 통찰력을 얻고 데이터 기반 의사결정을 내리는 것을 지원한다.

데이터 보안 및 개인 정보 보호

데이터 침해를 방지하고 민감한 데이터를 보호한다.

데이터 과학 및 머신러닝

AI 모델을 구축 및 배포하여 예측하고 의사결정을 자동화하는 데 사용하는 데이터를 공급한다.

DataOps 도구(출처: DevOps School)

AIOps 툴체인은 AI와 머신러닝 기술을 사용하여 IT 운영을 자동화하고 최적화한다. 일반적인 AIOps 툴체인에는 IT 운영의 엔드 투 엔드 자동화를 제공하기 위해 함께 작동하는 다양한 도구와 기술이 포함된다. 다음은 일반적인 AIOps 툴체인의 구성 요소이다.

데이터 수집 및 전처리

AIOps 툴체인은 로그, 메트릭, 이벤트, 추적과 같은 다양한 소스에서 데이터를 수집하는 것으로 시작한다. 이 데이터는 분석되기 전에 데이터를 정리하고 정규화하기 위해 사전 처리 과정을 거친다.

머신러닝 및 분석

AIOps 툴체인은 머신러닝 및 분석 기술을 사용하여 데이터를 분석하고 통찰력을 끌어낸다. 이러한 기술에는 통계 분석, 이상 징후 탐색, 클러스터링, 분류, 회귀 등이 포함된다.

자동화 및 오케스트레이션

AIOps 툴체인은 자동화 및 오케스트레이션 기술을 사용하여 머신러닝 및 분석에서 생성된 통찰력을 기반으로 작업을 실행한다.

시각화 및 보고

AIOps 툴체인은 머신러닝 및 분석에서 생성된 인사이트를 시각화하는 대시보드와 보고서를 제공한다.

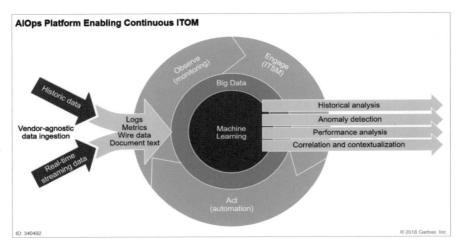

AIOps 개념(출처: Riverbed)

엔지니어링

슈퍼앱은 전통적인 엔터프라이즈 컴퓨팅과 비교해 고가용성과 복원력 보장을 위한 엔지니어링 접근에서 차이를 보인다.

흔히 말하는 '미션 크리티컬한 시스템'은 장애 예방에 중점을 둔다. 중요 시스템 이중화를 통해 하나의 시스템에 문제가 생겨도 운영이 중단되지 않도록 하고, 로드밸런싱을 통해 시스템에 과부하가 걸리지 않게 한다. 모니터링 역시 예기치 않은 이벤트로 인한 장애 발생 감지에 초점을 맞춘다. 즉, 사후 대응에

무게가 실린 접근을 하는 것이다.

반면에 슈퍼앱은 사전 대응에 초점을 맞춘다. 장애를 '일어나서는 안 될 이벤트'로 보는 것이 아니라 '언제든 일어날 수 있는 이벤트'로 바라보고, 장애가 발생하기 전에 문제를 파악하기 위해 사전 예방적인 접근을 한다. 달리 말하면 '서비스는 죽을 수 있고, 죽어도 된다'라는 것을 전제로 고가용성과 복원력을 확보하기 위한 엔지니어링을 한다.

사전 대응과 사후 대응의 차이

평가 방식도 다르다. 기존 온프레미스 환경에서 쓰던 방식은 통제된 테스트 환경에서 작업을 하는 반면, 슈퍼앱 업계가 택한 엔지니어링 방식은 테스트 환경에서 나타나지 않을 수 있는 실제 문제를 발견하기 위해 프로덕션에서 잠재적인 문제를 찾는다.

개선 방식에서도 차이를 보인다. 기존 방식에서는 비즈니스 중단 같은 상황이 발생한 후에야 시스템 설계를 다시 검토하지만 슈퍼앱은 정기적으로 실패를 유도하고 실패로부터 학습하여 지속적으로 고가용성과 복원력 수준을 높인다.

죽어도 되는 서비스 제공을 위한 카오스 엔지니어링

슈퍼앱 기업은 적극적으로 장애를 유도해 테스트를 하는 카오스 엔지니어링 등의 기술을 사용하여 시스템의 약점을 파악하고 수정하여 안정성, 성능 및 복원력을 지속해서 개선한다. 다음은 슈퍼앱 기업이 카오스 엔지니어링 및 관련 테스트를 수행하는 방법의 몇 가지 예이다.

카오스 엔지니어링

복원력을 테스트하고 약점을 파악하기 위해 의도적으로 시스템에 장애를 주입한다. 슈퍼앱 회사는 카오스 몽키(Chaos Monkey)나 카오스 고릴라(Chaos Gorilla) 같은 도구를 사용하여 서버나 서비스를 무작위로 종료하여 장애를 시뮬레이션하고 시스템이 어떻게 반응하는지 테스트한다.

카나리아 테스트

서비스의 새 버전을 소규모 사용자 그룹에 배포하여 모든 사용자에게 배포하기 전에 안정성과 성능을 테스트한다. 슈퍼앱 기업은 카나리아 테스트를 통해 새로운 기능이나 변경 사항이 광범위한 중단이나 기타 문제를 일으키지 않는지 확인한다.

부하 테스트

대량의 트래픽 볼륨을 시뮬레이션하여 스트레스 상황에서 시스템의 성능을 테스트한다. 슈퍼앱 기업은 아파치 제이미터(Apache JMeter) 개틀링(Gatling) 같은 도구를 사용하여 트래픽을 시뮬레이션하고 병목 현상이나 기타 문제를 식별한다.

카오스 엔지니어링은 테스트의 목표와 범위에 따라 DevOps 파이프라인의 여러 단계에 매핑할 수 있다. 다음은 카오스 엔지니어링을 일반적인 DevOps 파이프라인에 매핑한 예이다.

빌드

빌드 프로세스를 테스트하고 빌드 프로세스 중에 발생할 수 있는 잠재적인 문제를 식별할 수 있다. 예를 들어 카오스 엔지니어링을 사용하여 높은 트래픽 볼륨이나 간헐적인 장애를 처리하는 빌드 시스템의 기능을 테스트할 수 있다.

테스트

다양한 조건에서 디지털 플랫폼과 앱의 복원력과 안정성을 테스트하는 데 카오스 엔지니어링을 사용할 수 있다. 예를 들어 카오스 엔지니어링을 사용하여 네트워크 장애 또는 데이터베이스 중단을 처리하는 기능을 테스트할 수 있다.

배포

카오스 엔지니어링을 사용하여 배포 프로세스를 테스트하고 배포 중에 발생할 수 있는 잠재적인 문제를 식별할 수 있다. 예를 들어 카오스 엔지니어링을 사용하여 구성 오류 또는 서버 장애를 처리하는 배포 시스템의 기능을 테스트할 수 있다.

모니터링

카오스 엔지니어링을 사용하여 프로덕션 환경에서 디지털 플랫폼과 앱의 복원력과 안정성을 지속적으로 테스트할 수 있다. 예를 들어 카오스 엔지니어링을 사용하여 앱이 프로덕션 환경에서 높은 트래픽 볼륨이나 간헐적인 장애를 처리하는 능력을 테스트할 수 있다.

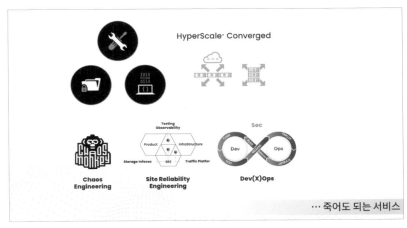

슈퍼앱을 위한 플랫폼 엔지니어링(출처: Digital X1)

OUTRO

승자 독식의 시대

DIGITAL X1

살펴본 바와 같이 슈퍼앱과 생성형 AI 서비스는 디지털 상품을 만들어 사용자의 관심을 끌고, 지속해서 관계를 이어 가고, 쌓이는 데이터 속에서 새로운 가치를 창출하는 방식을 정의하고 있다. 그렇다면 앞으로 디지털 경제는 어떤 방향으로 발전할까?

1등이 모든 것을 차지하는 승자 독식

슈퍼앱과 생성형 AI 시장은 승자 독식 구조가 두드러지고 있다. 인터넷과 모바일 시절만 해도 몇몇 기업이 경쟁하며 균형을 이루었지만 이제는 단일 앱이나 서비스의 천하통일이 가능해졌다. PC와 인터넷 시절에는 각 분야별로 선두 업체들이 존재하고 후발 주자도 적지 않았다. 그리고 아마존이나 이베이처럼 글로벌 입지를 다진 기업도 있었지만 각 나라마다 지역 시장에서 안방을 내어 주지 않는 강력한 로컬 플레이어도 존재했다. 모바일 시대에는 구글의 안드로이드와 애플의 iOS라는 커다란 두 세계가 대두되고 각각의 생태계 속에서 각 분야별 선도 앱이 경쟁을 했다. 이 시절에도 글로벌 강자와 로컬 강자가 공존했다. 그러던 것이 슈퍼앱이 등장하고 성장하면서, 그리고 그 뒤를 이어 디지털 시대의 새로운 변곡점이라 불리는 ChatGPT가 전 세계 대중의 스포트라이트를 받으면서 판이 바뀌고 있다.

슈퍼앱은 분명하게 구분되던 앱 간의 경계를 허물었다. 게임, 음악, 쇼핑, 건강, 금융 등 다양한 영역을 흡수하며 빠르게 성장한 슈퍼앱들은 게임의 법칙을 바꾸고 있다. 실제로 위챗과 같은 슈퍼앱은 이미 수직적, 수평적 통합을 통해 사용자 기반을 넓히는 데 성공했다. 슈퍼앱이 지금의 기세로 계속 성장한다면 각 분야의 1, 2등 앱을 다운받아 쓰는 것은 과거의 기억이 될지 모른다.

슈퍼앱은 2023년 현재 지역별 승자가 각자의 울타리를 넘어 세계 시장으로 뻗어 가는 방향으로 진화하고 있다. 이런 흐름은 생성형 AI 기술로 더욱 가속화될 전망이다. 그리고 생성형 AI 기술을 품은 슈퍼앱은 승자 독식을 통해 더욱 세력을 키울 것으로 보인다.

슈퍼앱이라는 지배적인 플레이어가 시장 점유율의 대부분을 차지하여 소규모 경쟁 업체가 설 자리가 거의 없는 상황이 펼쳐지는 배경에는 '규모의 경제'와 '데이터 우위'가 자리하고 있다. 슈퍼앱이나 생성형 AI 같은 서비스는 기본적으로 하나면 모든 것이 다 되는 것을 지향한다. 이처럼 '통합'이 슈퍼앱의 핵심 비즈니스 가치이다 보니 '승자 독식'은 가장 우선순위 높은 목표일 수밖에 없다. 이 목표 달성에는 필연적으로 엄청난 규모의 개발과 운영 비용이 든다. 따라서 선도 기업은 고정 비용을 더 많은 사용자 기반에 분산하여 규모의 경제를 달성해야 한다. 더불어 방대한 양의 사용자 데이터를 쌓아 제품과 서비스를 개선하여 경쟁 우위를 더욱 공고히 해야 한다.

더 쉽고, 더 편한 서비스로 몰리는 사용자(컨슈머라이제이션)

디지털 시대의 두 가지 중요한 요소인 컨슈머라이제이션과 커머셜라이제이션은 디지털 제품을 통해 어떻게 새로운 사용자 경험을 창출할 것인지, 디지털 상품을 어떻게 수익으로 연결할 것인지를 상징하는 키워드다. 슈퍼앱과 생성형 AI 서비스는 이 두 키워드를 충실히 따른다.

먼저 컨슈머라이제이션 측면에서 살펴보자면 슈퍼앱은 모바일 시대 이후 모든 기업이 앱 개발과 앱을 통한 서비스와 상품 제공에 있어 집중한 '간소화(Simplification)' 전략의 끝을 보여 준다. 모바일 앱 간소화 전략은 접근성, 사용 편의성, 효율성을 높이기 위한 사용자 중심 접근 방식을 말한다. 이 전략은 앱 디자인, 기능 및 사용자 경험을 간소화하여 사용자 참여도와 만족도를 향상시키는 데 중점을 둔다.

예를 들자면 깔끔하고 미니멀하며 시각적으로 매력적인 사용자 인터페이스를 만든다. 그리고 이렇게 구현한 간단하고 직관적인 UI는 사용자가 앱을 탐색하고 필요한 기능에 쉽게 액세스할 수 있도록 도와준다. 더불어 사용자가 앱 내에서 목표를 달성하는 데 필요한 필수 기능을 파악하여, 인터페이스를 복잡하게 만들거나 사용자에게 혼란을 줄 수 있는 불필요한 기능을 제거한다. 또한 스마트 기본값, 자동 완성 제안, 또는 기타 컨텍스트 인식 기능을 사용하여 사용자가 입력해야 하는 양을 최소화할 수 있도록 개선해 나간다. 그리고 앱이 빠르게 로드되고 사용자 상호작용에 즉각적으로 반응하며 시스템 리소스를 최소한으로 소비하도록 보장하는 데에도 노력을 기울인다.

온보딩의 경우 사용자가 앱의 목적, 주요 기능 및 사용 방법을 이해하는 데 도움이 되는 간단하고 효율적인 온보딩 프로세스를 만든다. 이런 노력을 통해 사용자 선호도, 위치 또는 사용 패턴을 기반으로 개인화된 경험을 제공한다. 정리하자면 단순화 측면에 집중하면 사용자의 채택, 참여 및 유지율을 높이는, 즐겁고 효과적인 모바일 앱 환경을 만드는 것이 모바일 시대 기업의 앱 개발 전략의 최우선 과제였다.

슈퍼앱은 단순화 측면에서 지금껏 본 적 없는 수준의 편의성과 경험을 제공하고 있으며, 특히 슈퍼앱이 생성형 AI를 만나면서 두 서비스는 엄청난 시너지를 일으키고 있다. 슈퍼앱은 사용자가 이 앱 저 앱을 열어야 하는 번거로움을 제거하는 동시에 디지털 라이프스타일을 즐기는 데 필요한 모든 것을 단일 앱으로 이용할 수 있는 새로운 경험을 제공했다. 이러한 슈퍼앱은 앞으로 생성형 AI 기술을 활용해 단순화의 끝이라 할 수 있는 프롬프트를 기반으로 사용자와 상호작용을 하며 필요한 서비스, 상품, 기능, 콘텐츠 등을 맞춤형으로 제공할 것이다. 이렇게 창출한 더 나은 경험은 네트워크 효과를 일으켜 플랫폼이나 서비스가 더 많은 사용자를 확보하는 결과로 이어질 것이다. 이렇게 되면 기존 사용자와 신규 사용자 모두에게 제공되는 가치가 증가하고, 그 결과 슈퍼앱의 영향력은 더욱 커질 것이다.

디지털 제품이 곧 미래 수익(커머셜라이제이션)

커머셜라이제이션의 경우 다음과 같은 방식으로 디지털 상품을 시장에 출시하고 이를 통해 수익을 창출하는 것이 일반화되고 있다. 아래 소개하는 내용은 유명 슈퍼앱과 ChatGPT 같은 사례를 통해 이미 수익화의 가능성이 검증된 방식이다. 이런 수익화 전략은 디지털 상품을 제공하는 모든 기업에게 보편적인 비즈니스 모델이자 전략이 될 수 있다.

부분 유료화

디지털 제품의 기본 버전은 무료로 제공하고 프리미엄 기능, 콘텐츠 또는 서비스는 유료로 제공한다. 이 모델을 사용하면 사용자가 구매하기 전에 제품을 사용해 볼 수 있으므로 사용자 기반을 늘리고 유료 업그레이드를 위한 잠재적 시장을 창출할 수 있다.

구독 모델

디지털 제품 또는 서비스에 대한 접근 권한을 판매한다. 구독은 월별, 분기별 또는 연간 단위로 할 수 있으며 제공되는 기능이나 서비스에 따라 다양한 가격 계층 또는 요금제를 포함할 수 있다. 이 모델은 예측 가능하고 안정적인 수익원을 제공한다.

인앱 구매 및 소액 결제

사용자가 슈퍼앱이나 생성형 AI 서비스 내에서 디지털 상품, 프리미엄 콘텐츠, 또는 추가 기능을 구매할 수 있도록 한다. 이 전략은 부분 유료화나 구독과 같은 다른 모델과 함께 사용하여 추가 수익을 창출할 수 있다.

종량제 또는 온디맨드 모델

디지털 제품이나 서비스의 사용량 또는 소비량에 따라 사용자에게 요금을 부과한다. 이 모델은 사용한 만큼만 비용을 지불하는 것을 선호하는 사용자에게 매력적일 수 있으며, 비즈니스가 제품이나 서비스로 더 효과적으로 수익을 창출할 수 있게 해 준다.

광고 및 스폰서십

디지털 제품 내에 광고 또는 스폰서 콘텐츠를 표시하여 수익을 창출할 수 있다. 광고는 배너, 동영상, 네이티브 광고 또는 스폰서 콘텐츠의 형태로 제공될 수 있으며, 무료 제품의 경우 이것이 주요 수입원이 될 수 있다.

라이선스 및 화이트 라벨링

디지털 제품이나 서비스를 다른 비즈니스나 조직에 라이선스를 부여하여 이들이 자신의 브랜드로 리브랜딩할 수 있도록 한다. 이 전략은 더 많은 잠재 고객에게 도달하고 추가 수익원을 창출하는 데 도움이 될 수 있다.

파트너십 및 제휴

다른 비즈니스나 조직과 제휴하여 디지털 제품 또는 서비스를 홍보하고 성공적인 추천 또는 판매에 대한 수수료를 제공할 수 있다. 제휴 마케팅은 가시성을 높이고 수익을 창출하는 효과적인 방법이 될 수 있다.

데이터 수익화

디지털 제품에서 사용자 데이터를 수집하는 경우, 다른 비즈니스나 조직에 인사이트와 분석을 제공하여 수익을 창출하는 것을 고려해 볼 수 있다. 이를 통해 추가 수익원을 확보하는 동시에 제품에 가치를 더할 수 있다.

번들링 및 교차 프로모션

디지털 제품을 다른 관련 제품이나 서비스와 함께 패키징하거나 다른 제품 내에서 프로모션하여 사용자 확보를 유도하고 수익을 높일 수 있다. 이는 상호보완적이거나 중복되는 타겟 시장을 타겟팅할 때 특히 효과적이다.

빅테크가 독점하지 않는 슈퍼앱 시대

슈퍼앱 시장의 게임의 법칙은 승자 독식이라고 앞서 말했다. 그렇다면 규모가 작은 기업에게 돌아갈 순서는 없는 것일까? 진입 장벽은 오히려 예전보다 낮아졌다고 볼 수 있다. 클라우드 기술의 발전과 ChatGPT 같은 초거대 모델 기반 생성형 AI를 서비스 방식으로 이용할 수 있다는 것을 떠올려 보자. 아마존, 구글, 페이스북, 애플, 마이크로소프트와 같은 기업뿐만 아니라 작은 스타트업도 슈퍼앱을 만들 수 있는 시대란 것을 알 수 있다. 거인틈 속에서 작게 시작해 크게 성장한 대표 사례가 오픈AI다. AI에 막대한 인력과 자본을 투자한 빅테크 기업과 비교할 수 없는 수준의 적은 인력이 만들고 키운 서비스가 ChatGPT다.

슈퍼앱 분야에서 잠룡이 될 기회는 모든 스타트업에게 열려 있다. 스타트업은 클라우드 및 생성형 AI 기술의 이점을 활용하여 디지털 상품 개발과 출시를 앞당길 수 있다. 스타트업은 예전처럼 선도 업체가 충족하지 못하는 특정 고객 니즈나 문제점을 해결하는 고유한 기능, 더 나은 사용자 경험, 또는 혁신적인 디지털 상품을 기획하고 만드는 데 집중하면 된다. 슈퍼앱 시장은 API 기반 디지털 경제의 일부이다. 따라서 획기적인 아이디어로 만든 디지털 상품은 협업 및 파트너십의 가능성이 열려 있다.

모든 슈퍼앱에 기본 장착될 생성형 AI 기반 챗봇

프롬프트 모델을 기반으로 한 챗봇형 슈퍼앱이 소매, 뱅킹, 결제 등 다양한 분야에서 대세가 될 것으로 예상된다. 이러한 유형의 앱은 사용자들과의 대화를 통해 서비스를 제공하며 더욱 편리한 경험을 제공한다.

생성형 AI 챗봇과 같은 하이퍼 모델 기반의 대화형 서비스는 다양한 방식으로 디지털 상품의 사용 경험을 크게 높일 수 있다. 생성형 AI 챗봇은 사용자 선호도를 이해하고, 이전 대화를 통해 학습하며, 사용자의 상황에 맞게 응답을 맞춤화하여 개인화된 상호작용을 제공할 수 있다. 이를 통해 사용자에게 더욱 매력적이고 의미 있는 경험을 제공할 수 있다. 하이퍼 모델 기반 챗봇을 앱의 다양한 측면에 통합해 고객 지원, 콘텐츠 검색, 인앱 거래 등 다양한 기능에 대한 단일 상호작용 지점을 사용자에게 제공하여 전반적인 경험을 더욱 일관성 있고 편리하게 만들 수 있다.

고급 AI 챗봇은 구어체나 비공식적인 언어라도 사용자의 입력을 더 잘 이해하고 해석하여 한층 더 정확하고 관련성 높은 응답을 제공한다. 생성형 AI 챗봇은 대화 전반에 걸쳐 맥락을 유지하여 사람과 대화하는 것처럼 일관성 있고 매력적인 상호작용을 할 수 있다. 이러한 챗봇은 사용자의 요구를 예측하고 관련 정보나 제안을 제공하여 더욱더 효율적이고 즐거운 사용자 경험을 선사할 수 있다.

슈퍼앱과 생성형 AI 서비스는 디지털 전환이 단순한 구호나 유행어가 아니란 사실을 증명한다. 주사위는 이미 던져졌다. 모바일 세상은 디지털 상품으로 가득해졌고, 나에게 필요한 디지털 상품을 더 쉽게 찾아 이용할 수 있는 슈퍼앱의 등장으로 우리의 디지털 일상은 달라지고 있다. 여기에 오픈AI가 쏘아 올린 ChatGPT라는 작은 공 하나가 디지털 세상과 사람의 소통과 상호작용 방식이 새로운 차원으로 진화했음을 알렸다. '스카이넷 vs. 자비스' 중 디지털 세상은 어떤 모습으로 우리 곁에 있을까? 슈퍼앱과 생성형 AI 트렌드를 주시해야 하는 이유다.

References

보고서

- Digital X1, "디지털 전환/혁신 현황 및 최신 디지털/클라우드 2023 트렌드", 2023년 1월
- Digital X1, "AI 비즈니스, 무엇을 어떻게 준비하고 해야 하는가?", 2023년 5월
- Digital X1, "ChatGPT 비즈니스 모델", 2023년 3월
- Digital X1, "ChatGPT로 촉발된 생성AI의 산업/비즈니스 레볼루션과 금융 관점에서의 대응 방향", 2023년 5월
- Digital X1, "ChatGPT의 급부상! 우리는 어떻게 대응하고 무엇을 준비할 것인가?", 2023년 3월
- FT Partners Research, "The Race to the Super App", 2022년 3월
- KOBIL, "State of Global Super Apps 2022", 2022년
- Sopra Banking Software, "Bank and super-apps: What role will they play?", 2022년 3월

인터넷 기사

- Alex Olesen, "Generative AI and Personalization: How to Increase ROI", Persado, 2023년 1월 13일, https://www.persado.com/articles/generative-ai-and-personalization/
- Beatrice Nolan and Grace Kay, "Elon Musk's plan to turn Twitter into a super app is a step closer now that he owns the platform", Business Insider, 2022년 10월 28일, https://www.businessinsider.com/elon-musk-twitter-super-app-x-2022-10

- Bismah Malik, "We don't intentionally call ourselves a super app: Amazon India's Kishore Thota", Business Today, 2022년 4월 12일, https://www.businesstoday.in/latest/corporate/story/we-dont-intentionally-call-ourselves-a-super-app-amazon-indias-kishore-thota-329409-2022-04-11

- Ciara O'Brien, "OpenAI teams up with Stripe to monetise ChatGPT", Irish Times, 2023년 3월 15일, https://www.irishtimes.com/business/2023/03/15/openai-teams-up-with-stripe-to-monetise-chatgpt/

- Duey Guison, "eGov Super App Aims to Make Government Transactions More Accessible", unbox.ph, 2023년 1월 21일, https://unbox.ph/news/egov-super-app-aims-to-make-government-transactions-more-accessible/

- Karthik Krishnaswamy, "Creating an API-First Culture and Company", The New Stack, 2022년 1월 27일, https://thenewstack.io/creating-an-api-first-culture-and-company-part-1/

- Kr Asia Connect, "China's young programmers are moving towards Web3, the future of the internet", Kr Asia, 2022년 7월 21일, https://kr-asia.com/chinas-young-programmers-are-moving-towards-web3-the-future-of-the-internet

- Raluca Ochiana, Is the future of the super app and the super wallet the same proposition?, PAYPERS, 2022년 10월 20일, https://thepaypers.com/expert-opinion/is-the-future-of-the-super-app-and-the-super-wallet-the-same-proposition--1258452

인터넷 자료

- 정책브리핑, **"유니콘기업"**, https://www.korea.kr/news/policyNewsView. do?newsId=148903855

- 토스, **"토스 애자일"**, https://blog.toss.im/article/next-agile-with-pm

- Alibaba Cloud, **"EMAS Superapp"**, https://www.alibabacloud.com/ko/product/emas/superapp

- apptopia, **"mobile app trends"**, https://blog.apptopia.com/worldwide-and-us-download-leaders-2021

- Beebom, **"ChatGPT plugin"**, https://beebom.com/best-chatgpt-plugins/

- beacon Venture Capital, **"Super Apps"**, https://www.beaconvc.fund/knowledge/what-is-next-for-super-apps

- Buildfire, **"Value Stream Management"**, https://buildfire.com/value-stream-management

- CBINSIGHT, **"Tech Trend"**, https://www.cbinsights.com/research/report/top-tech-trends-2023/

- Daappod, **"PayPal Data Mesh"**, https://daappod.com/data-mesh-radio/data-quantum-leap-at-paypal-jean-georges-perrin/

- Databricks, **"Data Mesh"**, https://www.databricks.com/blog/2022/10/19/building-data-mesh-based-databricks-lakehouse-part-2.html

- Devloper School, **"DataOps Tool"**, https://www.devopsschool.com/blog/top-20-dataops-tools-and-its-ranking/

- Echangeur, **"TENCENT AI, WECHAT!"**, https://www.echangeur.fr/en/inspiration/technological-analyses/sappuyant-lai-tencent-construit-empire-de-services-wechat/

- Genexus, **"WeChat Mini Programs"**, https://www.genexus.com/en/products/genexus/live-2022/super-apps--mini-apps/introducingthe-wechat-mini-programs-low-code-generator

- Google, **"Google Bard"**, https://bard.google.com/?hl=ko
- infopulse, **"SupperApp"**, https://www.infopulse.com/blog/introducing-super-app-a-new-approach-to-all-in-one-experience
- ionic, **"Super App"**, https://ionic.io/blog/2023-will-be-all-about-superapps
- Jingculturecrypto, **"WeChat Metaverse"**, https://jingculturecrypto.com/could-wechat-mini-apps-revolutionize-chinas-metaverse/
- KDI, **"은행 플랫폼 전략"**, https://eiec.kdi.re.kr/policy/domesticView.do?ac=0000167987&issus=M& pp=20&datecount=&pg=
- Medium, **"AirAsia Super App"**, https://vaibhav-sharma-4.medium.com/core-design-principles-and-architecture-behind-the-airasia-super-app-60caf1527644
- Medium, **"App Modularisation"**, https://medium.com/grab/app-modularisation-at-scale-ff2d7eded41f
- Medium, **"Super App Strategy"**, https://samlin001.medium.com/whats-your-super-app-strategy-658c7aa8bd20
- Meta 개발자 소식, **"WhatsApp Busienss"**, https://developers.facebook.com/blog/post/2022/05/19/conversations-2022-recap/
- Meta Newsroom, **"WhatsApp"**, https://about.fb.com/news/2022/08/shop-on-whatsapp-with-jiomart-in-india/
- Microsoft, **"Microsoft 365 Copilot"**, https://www.microsoft.com/en-us/microsoft-365/blog/2023/03/16/introducing-microsoft-365-copilot-a-whole-new-way-to-work/
- Morgan Stanley, **"Morgan Stanley OpenAI"**, https://www.morganstanley.com/press-releases/key-milestone-in-innovation-journey-with-openai
- Netsolutions, **"Legacy Application Modernization"**, https://www.

netsolutions.com/insights/legacy—application—modernization—strategy/

- Only30Second, "OTT", https://only30sec.com/super—app—for—multiple—ott—platforms—in—a—single—plan—or—subscription/
- OpenAI, "ChatGPT plugin", https://openai.com/blog/chatgpt—plugins
- OpenAI, "ChatGPT Whisper API", https://openai.com/blog/introducing—chatgpt—and—whisper—apis
- OpenView, "Product led growth", https://openviewpartners.com/product—led—growth/
- Openxcell, "DevOps Tools and Toolchain", https://www.openxcell.com/blog/devops—tools/
- Oreilly, "WeChat Healthcare", https://www.oreilly.com/library/view/artificial—intelligence—in/9781119548218/c10.xhtml
- Prompt Engineering Guide, "Prompt Engineering", https://www.promptingguide.ai
- Pymnts, "Super App Millennials", https://www.pymnts.com/connectedeconomy/2022/76—percent—millennials—are—super—app—ready/
- Statista, "OpenAI Enterise App", https://www.statista.com/chart/29244/number—of—companies—using—open—ai—in—their—business—processes—worldwide/
- Statista, "WeChat", https://www.statista.com/statistics/255778/number—of—active—wechat—messenger—accounts/
- Tencent Cloud, "WeChat Ecosystem", https://www.tencentcloud.com/solutions/wechat
- UNDP, "SuperApp", https://www.undp.org/sites/g/files/zskgke326/files/2022—09/TOR%20 _%20Super%20App.pdf

Super App!
디지털 시대의 넥스트 레볼루션

1판 1쇄 발행 2023년 7월 28일

저   자 | 정우진
발 행 인 | 김길수
발 행 처 | (주)영진닷컴
주   소 | (우)08507 서울 금천구 가산디지털1로 128
        STX-V타워 4층 401호
등   록 | 2007. 4. 27. 제16-4189호

ISBN 978-89-314-6939-4

YoungJin.com **Y.**
영진닷컴